EINFACH UND GENIAL

Die Rezepte
der Spitzenköchin
Lea Linster

Brigitte

EINFACH UND GENIAL

Lea Linster

Die Rezepte
der Spitzenköchin
Lea Linster

Mosaik bei
GOLDMANN

Lea Linster Cuisinière · Seite 6

Häppchen · Seite 12

Suppen · Seite 26

Vorspeisen · Seite 38

Fisch · Seite 52

Geflügel · Seite 68

Fleisch · Seite 82

Soul-Food · Seite 98

Gemüse · Seite 112

Desserts · Seite 126

Pâtisserie · Seite 142

Leas Tipps & Tricks · Seite 156

Rezept-Register · Seite 158

Adressen · Seite 160

Liebenswert: Lea Linster und ihr Sohn Louis

Mit einer Extraportion Liebe

Kontraste: Hochbetrieb in der Küche, noch Ruhe im Restaurant. Im Sommer bekommen die bequemen Stühle weiße Hussen

Hinter der unscheinbaren Fassade öffnet sich ein Paradies: das Restaurant Lea Linster. »Cuisinière« steht auch noch auf dem Schild. Das heißt ganz einfach »Köchin« – und damit ist auch schon fast alles über Lea gesagt, denn Kochen ist ihre ganze Leidenschaft. Bereits als kleines Mädchen schleppte sie sich die leere Cola-Kiste herbei und stieg hinauf, um besser an den Herd zu kommen, Mehlklöße und Omeletts waren ihre ersten kulinarischen Erfolge. Das spielte sich in der Küche der Eltern ab, die ein Café mit Tankstelle betrieben, und vor allem für das leibliche Wohl der Durchreisenden sorgten, die in den Süden unterwegs waren. Das Elternhaus in Frisange,

Präsentation: Das Service- und Küchenteam vom Top-Restaurant in Frisange

Präzision: Oberkellner Frederic beim Eindecken

zehn Kilometer von Luxemburg-Stadt und direkt an der französischen Grenze gelegen, ist noch heute ihr Lokal. »Eigentlich bin ich nur Köchin geworden, weil ich Komplimente so sehr liebe«, sagt Lea lachend. 20 Jahre ist es her, dass sie ihr Jurastudium an den Nagel hängte, um nach dem Tod des Vaters das Café zu übernehmen. Die 27-Jährige hatte dabei eine klare Vorstellung von ihrem Ziel: Ihr Restaurant in Frisange sollte eine Top-Adresse für Feinschmecker werden. Und das schaffte sie, die nebenbei ihre Meisterprüfung ablegte und kurz in die Töpfe der berühmten Kollegen Paul Bocuse, Joël Robuchon und Fredy Girardet schaute, in nur fünf Jahren! Seitdem zeichnet sie der Michelin mit einem Stern aus, mit ihrem Team und Sous-Chef

Hákon Már Övarsson wird nach Höherem gestrebt. Und die beiden haben noch etwas gemeinsam: die Weltmeisterschaft der Köche, den »Bocuse d'Or«. Alle zwei Jahre streiten die besten Küchenchefs, jeweils eine(r) pro Land, um diese von Paul Bocuse gestiftete Trophäe. Lea Linster ist die erste und einzige Frau, die den goldenen Bocuse gewonnen hat (1989) und damit in die Männerdomäne Spitzengastronomie vorstoßen konnte. Der Isländer Hákon Övarsson machte 1995/96 ein Praktikum bei Lea, gewann 2001 den »Bocuse de Bronze« und wurde von Lea Linster, die von allen in der Küche und im Service ganz selbstverständlich mit »Chef« angeredet wird, nach Frisange zurückgeholt. So kommt es, dass jetzt in der Küche, in der alle sehr freundlich miteinander umgehen, vorwiegend englisch gesprochen wird. »Ich habe den schönsten Beruf der Welt, weil ich meine Talente nutzen kann«, sagt die Spitzenköchin. Und das stimmt auf der ganzen Linie. Sie ist keine introvertierte Chefin, die aus der Küche geschickt werden muss, um zu fragen, ob's

Autogramme:
Lea Linster schreibt Grüße für ihre Gäste

Atempause:
Die Küchencrew beim Mittagessen

Preisgekrönt: Gastkoch Yannick Alleno aus Paris, Chefin Lea Linster und ihr isländischer Sous-Chef Hákon Övarsson

Privat: Lea mit Louis in ihrem Haus, von dem sie sagt: »Es ist wie ich, stabil und durchsichtig«

geschmeckt hat. Sie ist eine Gastgeberin par excellence! Kein Wunder, dass Lea, die perfekt französisch, deutsch, englisch und natürlich luxemburgisch spricht, als Gastköchin überall zu Hause ist – im berühmten Hotel Raffles in Singapur genauso wie auf Schloss Hubertushöhe in Brandenburg, im Fernsehen bei Alfred Biolek oder beim Staatsbesuch des luxemburgischen Großherzogs Henri beim spanischen König. Bei allem Erfolg ist die sympathische Lea herzlich, bodenständig und unkompliziert geblieben, eine quirlige Frau, die voller Ideen steckt, trotzdem nicht abhebt und sorgfältig darauf achtet, dass ihre Küche immer erstklassig ist. Dafür benutzt sie nur die allerbesten Produkte, das ist das ganze Geheimnis. Und natürlich eine Extraportion Liebe beim Kochen, egal ob Lea nun eine Zwiebel schneidet oder eine Seezunge brät. »Man braucht keinen Luxus auf dem Teller, nur Qualität. Dann ist sogar ein Butterbrot gut«, sagt sie voller Überzeugung. Bei aller Kochkunst schmeckt bei ihr ein Lachs eben noch nach Lachs und eine Tomatensuppe nach Tomaten.

»Ich liebe es einfach, wenn es im Haus nach frischem Brot duftet, wenn der Geschmack junger Karotten unverfälscht ist und wenn feine Hühner aus natürlicher Aufzucht wohl duftend mit krosser, goldbrauner Haut und dickem weißem Brustfleisch im Ofen garen. Das sind großartige Momente für mich, weil all das nicht mehr selbstverständlich ist.« Ihre Gäste wissen diese gleich bleibende Qualität zu schätzen und die Leser und Leserinnen der Brigitte, für die sie ihre schönen Kolumnen schreibt, natürlich auch. Dies ist das erste Kochbuch von Lea Linster. Es gibt einen Einblick in 20 Jahre Arbeit, Erfahrung und Kreativität. Es zeigt einfache Grundlagen und große Küche – vom schlichten Mehlknödel bis zum preisgekrönten Lammrücken, von der knusprigen Bratkartoffel bis zur eleganten Entenbrust mit Portwein und Feigen, vom schnellen Zuckerkuchen bis zur weltberühmten Crème brûlée. Spitzenköchin Lea Linster und das ganze Team wünschen Ihnen viel Vergnügen beim Lesen und Nachkochen, viele Komplimente und natürlich: Bon appétit!

Ansprache: Lea Linster beim Empfang der Gäste

Abstimmung: Carole und Frederic bei der Tischreservierung

Arbeitsprobe: Das Buch-Team beim Anschauen der ersten Seiten – Corinna Egerer (Layout), Thomas Neckermann (Fotos), Susanne Mersmann (Texte), Lea Linster und Burgunde Uhlig (Fotoproduktion)

Gougères, kleine Windbeutel mit Käse · Seite 21

»Die Häppchen zum Sekt oder Champagner sind eine kleine Kunst. Im Restaurant sollen sie sehr wohl den ersten Eindruck von der Küche vermitteln, aber sie dürfen auf keinen Fall dem vom Gast bestellten Gericht die Show stehlen. Und wenn Sie zu Hause Gäste haben und ein größeres Menü servieren, ist das ja nicht viel anders. Nur bei einer Stehparty dürfen es viele verschiedene Appetizer sein, denn da haben sie die ganze Show für sich. Lassen Sie sich's gut schmecken!«

Tarteletts mit
Kürbiscreme · Seite 17

»Exzellent muss es sein und exakt – nur das zählt in der Spitzenküche«

» Häppchen können einfach sein oder aufwändig – Hauptsache, sie sehen gut aus und schmecken «

Elsässischer Flammekuchen · Seite 17

ELSÄSSISCHER FLAMMEKUCHEN

»Der ideale Appetizer, wenn Sie mal viele Gäste haben«

Bei Empfängen serviere ich gern Flammekuchen, wie ihn die Elsässer machen, weil der zum Champagner so gut schmeckt. Und ich kann ihn ganz praktisch im Ganzen backen und viele Häppchen davon schneiden. Ich mache also einen Pizzateig: Dafür wird das Mehl mit der Trockenhefe, dem Olivenöl, dem Salz und 175 Milliliter lauwarmem Wasser zu einem Teig verknetet. Gut abgedeckt lasse ich ihn an einem warmen Ort etwa 30 Minuten ruhen, damit er schön aufgehen kann. Anschließend rolle ich ihn auf einem Backblech aus.

● Während der Teig auf dem Blech an einem warmen Ort nochmals etwas aufgeht, verquirle ich den Quark, den Schmand und die Eier mit Salz und Pfeffer aus der Mühle und reibe zum Schluss einen Hauch Muskat darüber. Außerdem schneide ich den Speck in kleine Würfel, schäle die Gemüsezwiebel und würfele auch sie, aber nicht allzu fein.

● Der aufgegangene Teig wird mit der Quarkmasse bestrichen, dann kommen die Speck- und Zwiebelwürfel obendrauf. Wer mag, kann den Flammekuchen noch zusätzlich mit geriebenem Käse (z. B. mittelaltem Gouda) bestreuen. Egal, er muss 15 bis 20 Minuten bei 220 Grad (Umluft 200 Grad, Gas Stufe 5) im Ofen backen.

Sie können den Flammekuchen ofenfrisch und warm servieren. Wenn Sie ihn schon vorher zubereiten, schmeckt er besser, wenn er noch einmal kurz aufgebacken wird.

FÜR 20 HÄPPCHEN Foto Seite 16
<u>Teig:</u> 300 g Mehl • 2 TL Trockenhefe
2 EL Olivenöl • 1 TL Salz
<u>Belag:</u> 200 g Quark (20 %) • 50 g Schmand
2 Eier • Salz • Pfeffer • Muskatnuss
300 g durchwachsener Speck (oder Bacon)
1 Gemüsezwiebel (etwa 250 g) • evtl. 100 g Käse

TARTELETTS MIT KÜRBISCREME

»Die Häppchen sind sehr raffiniert und sehen entzückend aus«

Ich mache eine Pâte brisée, einen Mürbeteig, verknete alle Zutaten schnell mit der Küchenmaschine und lasse den Teig etwa eine Stunde in Frischhaltefolie im Kühlschrank ruhen.

● Inzwischen bereite ich die Kürbiscreme zu, nehme dafür eine Kasserolle mit dickem Boden. Ich schneide das Kürbisfleisch in kleine Würfel und schneide die Zwiebel und die Knoblauchzehe sehr fein. Dann lasse ich je zwei Esslöffel Olivenöl und Butter im Topf schmelzen und gebe das Gemüse, etwas Salz und Pfeffer aus der Mühle dazu. Kochen, bis das Gemüse gar und die Flüssigkeit verdunstet ist. Ich nehme den Topf vom Herd, lasse die Masse darin abkühlen und püriere sie mit dem Stabmixer glatt. Ich gebe den dritten Esslöffel Olivenöl und den Parmesan dazu. Das Püree soll ganz cremig sein: Wenn es also für die gute Konsistenz nötig ist, rühre ich noch etwas Butter darunter.

● Etwa die Hälfte vom Tartelett-Teig wird dünn ausgerollt und in kleinen Förmchen von fünf bis sechs Zentimeter Durchmesser etwa 15 Minuten bei 170 Grad (Umluft 150 Grad, Gas Stufe 2–3) gebacken. Sobald sie auf einem Gitter ganz abgekühlt sind, fülle ich die Kürbiscreme mit einem Spritzbeutel ein.

● Die frischen Salbeiblätter werden abgezupft, gewaschen und sehr gut abgetrocknet. Ich frittiere sie schnell in 180 Grad heißem Öl und lege sie zum Abtropfen auf Küchenpapier. In jedes Tartelett wird nun ein krosses Salbeiblättchen gesteckt und ein Mini-Mini-Röllchen Parmaschinken. Mit diesen sehr dekorativen Appetizern gewinnen Sie garantiert jeden Häppchen-Wettbewerb!

Die Tarteletts lassen sich gut einfrieren.

FÜR MINDESTENS 24 TARTELETTS Foto Seite 14
250 g Mehl • 160 g kalte Butter • 1 Ei
je 1 Prise Salz und Zucker • 1 EL Milch
<u>Kürbiscreme (12 Tarteletts):</u> 300 g Kürbisfleisch
(ersatzweise Möhren) • ½ Zwiebel • 1 Knoblauchzehe • 3 EL Olivenöl • 2–3 EL Butter • Salz
Pfeffer • 4 EL geriebener Parmesan
12 Salbeiblätter • Öl zum Frittieren
etwa 30 g Parmaschinken

Mimosa-Eier · Seite 20

Leas knusprige
Brötchen · Seite 20

» Wenn unsere Brötchen mittags um zwölf und abends um 19 Uhr aus dem heißen Ofen kommen, duftet das ganze Restaurant danach – es ist ein Traum! Diese hausgemachten, perfekten, knusprigen kleinen Brötchen sind mein absoluter Lieblingsgenuss. Und ich bin richtig froh, dass sie mir nach so vielen Versuchen gelungen sind«

HÄPPCHEN

LEAS KNUSPRIGE BRÖTCHEN

»Es war immer mein größter Wunsch, meinen Gästen perfekte kleine Brötchen zu reichen, um meinen Lieblingsgenuss mit ihnen zu teilen – voilà!«

Das Rezept ist kein Problem, das haben alle: Mehl, Wasser, Hefe und Salz. Auf die Verarbeitung kommt es an, und die Hände müssen mit im Spiel sein, dann freut sich der Teig!
● Zuerst mache ich einen Ansatz aus 250 Gramm Mehl, 300 Milliliter kaltem Wasser (einfach aus der Leitung) und zehn Gramm Hefe. Dieser Ansatz muss über Nacht bei Zimmertemperatur schön gären. Am nächsten Morgen gebe ich dann noch einmal 300 Milliliter Wasser, die restlichen 750 Gramm Mehl und acht Gramm Hefe dazu. Ich verarbeite diesen Teig acht Minuten lang mit den Knethaken der Küchenmaschine. Dann erst kommt das Salz hinein und alles wird weitere vier Minuten geknetet, diesmal knete ich es aber per Hand.
● Den Teig gebe ich aus der Knetschüssel auf die Arbeitsplatte und forme mit den Händen eine große Kugel daraus. Ich bedecke die Teigkugel mit einem feuchten Tuch und lasse sie ungefähr zwei Stunden aufgehen. Dann forme ich den Teig zu dicken Würsten und schneide sie in etwa 35 Gramm schwere Scheibchen. Diese forme ich mit den Händen zu schönen Brötchen. Ich mache sie gern klein und an beiden Enden sehr zugespitzt – das ist mein Markenzeichen. Sie sehen richtig hübsch und appetitlich aus, wenn sie im Silberkörbchen auf den Tisch gestellt werden. Sie können aber auch Brezeln formen, runde Brötchen oder Baguettes.
● Wichtig ist nur, dass die Brötchen auf Backbleche kommen und noch einmal vor Luftzug geschützt bei Zimmertemperatur etwa eine Stunde aufgehen müssen. Ich mehle meine Brötchen, bevor sie zum letzten Mal aufgehen, das gibt einen rustikalen Touch. Bevor sie nun in den 250 Grad heißen Ofen kommen (Umluft 230 Grad, Gas Stufe 6–7), werden sie über die ganze Länge mit einer Klinge eingeschnitten. Beim Backen benötigen sie etwas Dampf, also eine kleine Tasse Wasser auf den Backofenboden schütten und den Ofen wieder schnell schließen (beim Gasofen aufpassen, dass die Flamme nicht aus-

geht!). Etwa 15 bis 18 Minuten müssen die Brötchen backen, sie sollen prall werden, appetitlich braun und schön knusprig. Beim Herausholen unbedingt zum Ausdünsten auf Gitterroste tun. Und mit dem Reinbeißen wenigstens warten, bis sie lauwarm sind…

FÜR 40 BRÖTCHEN Foto Seite 19
1000 g Mehl • 18 g frische Hefe • 2 TL Salz
Mehl zum Bestäuben

MIMOSA-EIER

»Das traditionelle Häppchen für Party und Picknick«

Es sind ganz einfach hart gekochte und halbierte Eier. Ich nehme die Dotter heraus, verarbeite sie mit dem Senf, der Sahne und der Mayonnaise zu einer glatten Masse. Die Masse kommt in einen Spritzbeutel und wird dekorativ in die halben Eier gefüllt. Kurz vor dem Servieren garniere ich meine geliebten Mimosa-Eier mit etwas frischem Schnittlauch, den ich in kleine Röllchen schneide.

FÜR 12 HÄPPCHEN Foto Seite 18
6 Eier • 3 TL Senf • 2 EL Sahne • 3 TL Mayonnaise
½ Bund Schnittlauch

CROSTINI MIT OLIVENPASTE, TOMATEN UND SCHINKEN

»Sie passen hervorragend zum Aperitif«

Pro Person nehme ich zwei mundgerechte Scheiben Brot, am besten französisches Baguette. Die Brotscheiben werden getoastet. Dann bestreiche ich sie mit Olivenpaste und dekoriere die Confit-Tomaten mit dem Schinken obendrauf.

FÜR 16 CROSTINI
½ Baguette oder anderes Brot • 16 TL Olivenpaste (Rezept Seite 47) • 16 Tomatenviertel als Confit (Rezept Seite 116) • 100 g Parma- oder Serrano-Schinken

oder auf Dampf gegart. Sie dürfen nicht zu weich kochen, denn nach dem Schälen werden sie in drei bis fünf Millimeter dünne Scheiben geschnitten. Es werden runde Kartoffelscheibchen ausgestochen (der Kartoffelrest lässt sich für Bratkartoffeln verwenden) und zunächst im Ausstecher gelassen. Dann wird Lachstatar darauf gegeben, etwa einen Zentimeter hoch, der Ausstecher wird abgenommen und der Appetizer mit etwas Dill dekoriert.

LACHSTATAR

»Es geht schnell und man erzielt einen Supereffekt!«

Für mein Lachstatar nehme ich rohes, festes Lachsfilet ohne Haut, aber niemals den billigen Zuchtlachs, der ist fett und modrig. Ich kontrolliere, ob noch Gräten im Filet sind, die zupfe ich heraus. Das Lachstatar schneide ich in ganz kleine Würfelchen, tue die in eine sehr kalte Metallschüssel (ich stelle sie auf Eis) und vermische die Lachswürfelchen sofort mit dem feinsten Olivenöl.

- Dann kommen die anderen Zutaten dazu: die Schalotte, mit Liebe ganz fein geschnitten, die gehackten Dillspitzen, Meersalz und Pfeffer aus der Mühle und ganz zum Schluss der Saft der halben Zitrone. Jetzt einfach noch einmal abschmecken und eventuell Zitronenachtel und Meerrettichsahne, nicht zu steif geschlagen, dazu reichen.

Im halb gefrorenen Zustand lässt sich der Lachs am besten fein schneiden.

FÜR 12 PERSONEN
400 g frisches Lachsfilet • 2 EL Olivenöl
1 Schalotte • 2 EL gehackte Dillspitzen
Meersalz • Pfeffer • ½ Zitrone

VARIANTE: LACHSTATAR AUF DER KARTOFFEL Foto oben

Für zwölf bis 15 dieser grandiosen Appetizer, kreiert von meinem isländischen Küchenchef Hákon Örvasson, brauchen Sie die halbe Menge vom Lachstatar. Enorm wichtig ist, dass der Lachs wirklich ganz fein geschnitten wird. Dann werden vier große, schöne, fest kochende Kartoffeln mit der Schale gekocht

GOUGÈRES – KLEINE KÄSEWINDBEUTEL

»Ein Klassiker aus dem Pariser 3-Sterne-Restaurant ›Taillevent‹. Dort wird zum Aperitif stets eine Silberschale mit Gougères für den ganzen Tisch gereicht«

Zuerst mache ich einen guten Brandteig. Dafür koche ich einen viertel Liter Salzwasser zusammen mit der Butter auf und gebe das Mehl auf einmal dazu. Jetzt heißt es rühren, bis ein Kloß entstanden ist. Den Topf nehme ich dann vom Herd und ziehe die Eier – eins nach dem anderen – und den sehr fein gehackten oder geriebenen Käse darunter.

- Zwei Backbleche lege ich mit Backpapier aus, fülle die Teigmasse in einen Spritzbeutel und gebe kleine Häufchen auf das Backpapier. Es geht auch mit einem Teelöffel, die Gougères sehen dann aber nicht ganz so schön aus. Ab in den Ofen damit: Bei 200 Grad (Umluft 180 Grad, Gas Stufe 4) werden sie in etwa 20 Minuten zu wunderbar luftigen Käsewindbeuteln ausgebacken: außen kross und innen zwar hohl, aber saftig. Sie schmecken heiß oder lauwarm, sogar kalt finde ich sie nicht schlecht.

FÜR 40–50 GOUGÈRES Foto Seite 12
Salz • 100 g Butter • 200 g Mehl • 5 Eier
je 90 g Emmentaler Käse und Parmesan

»Willkommen!
Und Vorhang auf für
einen Abend
schönster Genüsse«

Roggenbrothäppchen mit Lachs · Seite 25

Elegante Mozzarella-
Schiffchen · Seite 25

MOZZARELLA-SCHIFFCHEN

»Wenn man alles schön gerade schneidet, sieht das sehr ›Zen‹ aus. Und das ist ja manchmal gefragt...«

Ich röste Baguette- oder Ciabatta-Scheiben für Crostini und belege sie zunächst dünn mit dem Parmaschinken. Darauf kommt ein Scheibchen Paprika, enthäutet natürlich, wie es im Rezept unten steht. Obendrauf lege ich ein feines Basilikumblatt und zum Schluss eine Scheibe Mozzarella. Ich träufele noch etwas Olivenöl darüber, erhitze die Häppchen etwa fünf Minuten unterm Grill und schneide sie dann zen-mäßig zurecht. Bon appétit!

FÜR 12 HÄPPCHEN Foto Seite 24
12 Scheiben Baguette oder Ciabatta
12 kleine Scheiben Parmaschinken
2–3 Paprikaschoten (Rezept unten)
12 schöne Blätter Basilikum
12 Scheiben Mozzarella (etwa 200 g; am besten eckig) • 12 TL Olivenöl

PAPRIKASCHOTE FÜR ALLE FÄLLE...

»Ich liebe sie als Farbtupfer und auch auf Crostini mit Olivenpaste«

Die Paprikaschoten werden halbiert, die Stiele und die Kerngehäuse entfernt. Ich drücke die halben Schoten etwas platt und grille sie unter dem Backofengrill etwa zehn Minuten, bis die Haut fast schwarz ist und Blasen wirft. Die Schoten in einen Gefrierbeutel tun und darin abkühlen lassen. Danach lässt sich die Haut von den Paprika gut abziehen, und ich muss sie dann nur noch in schöne flache Stücke schneiden – fertig!

FÜR 12 STÜCKE
2–3 rote Paprikaschoten

RAFFINIERTE ROGGENBROTHÄPPCHEN MIT LACHS

»Sie sind sehr elegant und recht einfach zu machen«

Dazu nehmen Sie einen guten Räucherlachs, der nicht fett ist. Beim Einkauf bitte darauf achten, dass Sie schöne große Scheiben bekommen, sonst wird die Zubereitung schwierig.
- Auf die Roggenbrotscheiben streiche ich eine Creme aus dem Schmand und dem Meerrettich (der aus dem Glas ist ganz gut, wenn kein frischer zur Hand ist). Dann nehme ich den Apfel (wegen der schönen grünen Schale sollte es ein Granny Smith sein), wasche, entkerne und halbiere ihn und schneide die Hälften dann in hauchdünne Scheiben. Die Apfelscheiben lege ich auf das Schmandbrot, und darüber kommen die feinen Scheiben vom Lachs.
- Mit einem guten Messer schneide ich erst die Brotkruste rundherum ab, dann die belegten Scheiben ganz präzise in drei Zentimeter breite Streifen, die ich dann noch einmal quer halbiere. Zur Dekoration kommen ein paar orangefarbene Lachseier (Keta-Kaviar) obendrauf.

Besonders gut sehen meine eleganten Häppchen auf einem schlichten Teller mit gefalteter Serviette aus. Das hat sogar einen leicht japanischen Touch.

FÜR 12 HÄPPCHEN Foto Seite 23
3 quadratische Scheiben Roggenbrot
3 EL Schmand • 3 TL geriebener Meerrettich
1 Apfel (Granny Smith) • 2–3 Scheiben Lachs
(ca. 120 g) • 1–2 EL Keta-Kaviar

**Consommé mit
Foie gras** · Seite 30/31

» Bei mir gibt es vorneweg immer ein kleines Süppchen, ob man es bestellt hat oder nicht. Im Winter ein warmes, ganz adrett in einem Porzellantässchen mit Deckel serviert, im Sommer ein kaltes im schön gekühlten Glasschälchen – dabei werden sogar Suppenkasper schwach! Ich pflege meine Süppchen sehr, sie sollen die Gäste in frohe Erwartung versetzen auf all die Leckerbissen, die noch folgen. Und das gilt nun natürlich auch für Sie!«

Blumenkohlcremesuppe • Seite 30

SUPPEN

»Für eine feine Suppe gibt es nichts Besseres als etwas geschlagene Sahne obendrauf«

Rahmsuppe
von weißen Bohnen
Seite 30

Geeistes
Erbsensüppchen
Seite 31

SUPPEN

RAHMSUPPE VON WEISSEN BOHNEN MIT SHIITAKE-PILZEN

»Gut planen: Die Bohnen fürs elegante Süppchen müssen eingeweicht werden!«

Die Bohnen weiche ich in kaltem Wasser ein, möglichst über Nacht. Den Hühnerfond koche ich auf ungefähr die Hälfte ein. Die Schalotten werden fein gewürfelt, der Knoblauch vom Keim befreit. Ich tue dann zwei Esslöffel feinstes Olivenöl in einen großen Topf mit schwerem Boden, die Schalottenwürfel, den Knoblauch, den Thymian, das Lorbeerblatt und die abgetropften Bohnen dazu.

• Den Hühnerfond angießen und alles leicht köcheln lassen, bis die Bohnen ganz gar sind, sie sollen wirklich richtig schön weich werden. Ich gebe die Sahne und die Milch dazu und lasse das Süppchen noch einmal zehn Minuten leise köcheln.

• Thymian, Lorbeerblatt und Knoblauch fische ich heraus, püriere das Bohnensüppchen mit dem Stabmixer und passiere es durch ein Haarsieb, damit alles schön elegant wird. Ich schmecke mit Salz ab, in diesem Fall gibt's Pfeffer nur für wahre Pfefferfreaks! Wenn die Suppe zu dickflüssig scheint, dann können Sie Hühnerfond oder Milch dazugeben, um die gewünschte Konsistenz zu erreichen.

• Danach rühre ich die kalte Butter und die restlichen drei Esslöffel Olivenöl hinein.

• Zum Schluss schneide ich die Shiitake-Pilzköpfe (ohne die Stiele) in Streifchen, brate sie leicht in etwas Butter und gebe Salz darüber. Inzwischen wärme ich die Schälchen zum Servieren im Ofen und schlage die Sahne. Zum Servieren kommen jeweils ein Esslöffel geschlagene Sahne und etwas Shiitake ins Portionsschälchen. Das Süppchen wird eingefüllt und schließlich mit einer guten Prise sehr fein geschnittenem Schnittlauch dekoriert.

FÜR 8 PERSONEN Foto Seite 28
250 g weiße Bohnen • 1½ l Hühnerfond, auf ¾ reduziert (Rezept Seite 35) • 2 Schalotten
4 Knoblauchzehen • 5 EL Olivenöl
2 Stängel Thymian • 1 Lorbeerblatt • ½ l Sahne
300 ml Milch • Salz • 1 EL Butter
Garnitur: 50 g Shiitake-Pilze • 1–2 EL Butter • Salz
125 g Sahne • ½ Bund Schnittlauch

BLUMENKOHLCREMESUPPE

»Sanft für den Magen – ich mag sie als schöne Einstimmung im Menü«

Vom Blumenkohl schneide ich die Rosen ab, entferne den Strunk großzügig und schneide die Stiele in kleine Stücke. Alles wird blanchiert, in diesem Fall eine halbe Minute im Wasser gekocht und anschließend sofort im Eiswasser abgeschreckt. Der Blumenkohl wird im Hühnerfond mit etwas Salz etwa zehn bis 20 Minuten weich gekocht. Ich püriere die Masse mit dem Stabmixer, passiere sie durch ein Haarsieb und lasse sie weitere fünf Minuten kochen. Die Speisestärke löse ich in etwas Wasser auf und ziehe sie unter ständigem Rühren darunter, lasse die Suppe noch einmal aufkochen und schmecke mit Salz ab. Vor dem Servieren verquirle ich das Eigelb mit der Sahne, schlage es unter die Suppe, erhitze sie, lasse sie aber nicht mehr kochen. Noch ein paar Tropfen feinstes Olivenöl obendrauf – voilà!

FÜR 6 PERSONEN Foto Seite 27
1 Blumenkohl (ca. 600 g ohne Grün)
1 l Hühnerfond (Rezept Seite 35) • Salz
etwa 1 EL Speisestärke • 1 Eigelb
100 g Sahne • evtl. etwas Olivenöl

KRÄFTIGE CONSOMMÉ

»Doppelt hält besser – auf Rind und Huhn gekocht, schmeckt die Suppe fantastisch«

Zunächst müssen Sie die Möhren und den Sellerie schälen, den Porree putzen und das Hellgrüne für später zur Seite stellen. Die Möhren, den Sellerie und das dunkle Porreegrün in grobe Stücke schneiden. Eine Zwiebel schälen, mit den Nelken spicken. Die restlichen Zwiebeln halbiere ich und röste sie in einer Pfanne ohne Fett auf der Schnittseite schwarzbraun. Die Tomaten abspülen und vierteln. Die Kräuter abspülen, trocken schütteln, mit dem Lorbeerblatt zu einem Bouquet garni binden. Ich gebe die Poularde und das Rindfleisch in einen großen Topf und bedecke sie mit etwa drei bis vier Liter kaltem

Wasser. Im offenen Topf bei mittlerer Hitze aufkochen lassen, dabei den Schaum immer wieder mit einer Schaumkelle abfischen. Danach tue ich das Gemüse, die Zwiebeln, das Bouquet garni, das Meersalz und die Pfefferkörner hinein und lasse alles eine Stunde lang köcheln.

● Die Poularde herausnehmen. Ich verwende sie gern für meine Pasteten (Rezept Seite 48). Das Rindfleisch lasse ich weitere zwei Stunden köcheln, nehme es dann heraus und verwende es zum Beispiel als Tafelspitz. Die Brühe gieße ich erst durch ein Sieb, dann durch ein Mulltuch. Kalt stellen und am nächsten Tag das erstarrte Fett abnehmen.

● Für die Einlage koche ich zunächst den Sago zehn Minuten in einem halben Liter Wasser. Ich putze die Pilze und schneide sie in feine Scheiben, den Rest von der Porreestange schneide ich in feine Streifen. Die Pilze in etwas Consommé etwa zwei Minuten garen. Ich verteile dann den Sago, die Pilze und die Porreestreifen auf den vorgewärmten Tellern und begieße alles mit der heißen Consommé. Zum Schluss gebe ich je einen Esslöffel Sherry dazu und dekoriere mit ein paar Kerbelblättchen.

Sehr elegant ist die Consommé mit einem kleinen Stück Foie gras (Foto Seite 26).

FÜR 8 PERSONEN
Consommé: 2 Möhren • 100 g Knollensellerie
1 große Porreestange • 3 Zwiebeln • 2–4 Nelken
2 Tomaten • 4 Stängel Petersilie
3 Stängel Thymian • ½ Bund Liebstöckel
1 großes Lorbeerblatt • 1 Poularde (1,2 kg)
1 kg Rindfleisch zum Kochen (z. B. Hochrippe, Ochsenbein oder Tafelspitz) • 2–3 TL Meersalz
1 TL schwarze Pfefferkörner

Einlage: 70 g Perlsago • 100 g Steinpilze oder braune Champignons
8 EL trockener Sherry • 1 Bund Kerbel

GEEISTES ERBSENSÜPPCHEN

»Eine raffinierte Sache für schöne Sommerabende«

Wenn Sie Tiefkühl-Erbsen verwenden, die Erbsen auftauen lassen. Dann einen niedrigen, weiten Topf auf größte Flamme setzen und 50 Milliliter Olivenöl hineingeben. Das Öl lasse ich sehr heiß werden, gebe die Erbsen hinzu und dünste sie sehr schnell an. Mit Meersalz salzen und noch zwei Minuten umrühren. Dann kommt der Hühnerfond dazu. Ich lasse alles fünf bis sechs Minuten bei großer Hitze kochen. Bei mir kommt der Topf dann sofort zum schnellen Abkühlen ins Tiefkühlfach, so bleibt die Suppe appetitlich grün. Sie können den Topf aber auch in Eiswasser oder in den Kühlschrank stellen.

● Wenn die Suppe kalt ist, wird sie im Mixer püriert und anschließend durch ein Haarsieb passiert. Wenn sie zu dickflüssig erscheint, noch etwas Fond dazugeben. Zum Schluss verfeinere ich mit etwas Olivenöl, Meersalz, Pfeffer aus der Mühle und einem Spritzer Zitronensaft. Ich serviere dieses Süppchen gern eiskalt in Glasschälchen oder in kleinen Mokkatassen: Ein Löffelchen Ricotta in die vorgekühlte Schale tun, die Suppe einfüllen und dann ein paar Tropfen Olivenöl und etwas zerstoßenen Pfeffer obendrauf. Ein Genuss!

Statt Ricotta nehme ich auch gern einen Teelöffel Ziegenfrischkäse.

FÜR 6 PERSONEN Foto Seite 29
600 g Erbsen • 60 ml Olivenöl • Meersalz
½ l Hühnerfond (Rezept Seite 35)
Pfeffer • etwas Zitronensaft • 6 TL Ricotta
zerstoßener Pfeffer

Geeiste Gazpacho Seite 35

Feine
Hühnerbouillon mit
Zitronengras
Seite 35

» Ich erlebe es immer wieder: So ein liebevoll zubereitetes Süppchen ist der beste Start in ein Menü. Denn Sie können sich hinterher noch eine Menge Köstlichkeiten gönnen, ohne todmüde zusammenzusacken. Schließlich wollen wir ja munter und fidel vom Tisch aufstehen – restauriert sozusagen«

HÜHNERFOND

»Er ist einfach unentbehrlich«

Die Zwiebel halbiere ich und röste sie mit der Schnittfläche nach unten in einer beschichteten Pfanne ohne Fett schön schwarz, damit Farbe und Aroma des Fonds stimmen. Das Huhn wird abgewaschen und in einen großen Topf gegeben. Vier Liter Wasser und Salz dazu und aufkochen lassen. Ich fische den Schaum mit einer Schaumkelle immer wieder ab, damit die Brühe klar bleibt. Sobald das Wasser kocht, die Hitze reduzieren. Das gewaschene und geputzte Gemüse, die geröstete Zwiebel, die Kräuter und Pfefferkörner und das Lorbeerblatt dazugeben. Ich lasse alles zwei bis drei Stunden leicht köcheln, bis das Huhn ausgekocht ist. Ich nehme das Huhn heraus, gebe die Brühe durch ein Haarsieb und dann noch einmal durch ein Passiertuch, z. B. ein Mulltuch. Wenn Sie es nicht so fett mögen, lassen Sie sie über Nacht abkühlen. Am nächsten Tag können Sie das überschüssige Fett gut abnehmen.

Der Fond lässt sich portionsweise einfrieren oder bis zu drei Tage im Kühlschrank aufbewahren. Sie können ihn auch kochend heiß in Schraubdeckelgläser füllen, verschließen und umgedreht etwa fünf Minuten stehen lassen. Im Kühlschrank hält er sich etwa drei Monate. Zur Not tut's auch fertiger Hühnerfond aus dem Glas.

FÜR ETWA 2½ LITER FOND
1 Zwiebel • 1 Suppenhuhn (etwa 2 kg)
3 TL Meersalz • 1 Tomate • 1 Bund Suppengrün
etwas Liebstöckel • 1 Bund Thymian
6 Pfefferkörner • 1 Lorbeerblatt

VARIANTE: HÜHNERBOUILLON MIT ZITRONENGRAS Foto Seite 33

Ich liebe die asiatische Note zum Huhn, und es geht so einfach. Für sechs Personen nehme ich einen Liter Hühnerfond. 30 Gramm Ingwer schäle ich, hacke ihn grob und gebe ihn zusammen mit einem Stängel Zitronengras hinein. Alles etwa fünf Minuten kochen lassen. Sehr gut ist es auch, die Bouillon noch einmal bei großer Hitze etwas einkochen zu lassen, dann wird der Geschmack konzentrierter. Anschließend die Bouillon durch ein Haarsieb gießen. Pro Portion nehme ich dann zwei Garnelen ohne Kopf und Schale, schneide sie am Rücken auf, entferne den Darm und spüle sie ab. Sie werden mit etwas Meersalz in einem Siebeinsatz auf Wasserdampf etwa fünf bis acht Minuten gegart. 30 Gramm Möhre schälen und in feine Stifte schneiden, 30 Gramm Porree (nur das Hellgrüne) putzen und in feine Streifen schneiden. Pro Person dekoriere ich nun je drei Streifen Möhre, etwas Porree, zwei Garnelen und etwas frisches Koriandergrün. Es sieht wunderschön aus und es schmeckt herrlich!

GEEISTE GAZPACHO

»Ein scharfer Genuss für heiße Tage«

Die Paprikaschoten und die Peperoni werden enthäutet (Rezept Seite 25), die Tomaten gewaschen und geviertelt. Ich püriere alles zusammen mit dem Stabmixer, gebe die Eiswürfel dazu und püriere noch einmal. Dann streiche ich die Masse durch ein Haarsieb. Voilà! Ich schmecke mit dem Zucker, Salz, Pfeffer aus der Mühle, dem Obstessig und dem Olivenöl ab. Die Gazpacho wird mindestens zwei Stunden kalt gestellt.
• Zum Schluss die Gurke gut abspülen, entkernen und in kleine Würfel schneiden. Die Gazpacho serviere ich mit den Gurkenstückchen, Meersalz, frisch gemahlenem Pfeffer, ein paar Tropfen Olivenöl und den fein geschnittenen Minzeblättchen.

FÜR 6 PERSONEN Foto Seite 32
2 rote Paprikaschoten • 1 kleine Peperoni
1 kg vollreife Tomaten • 10 Eiswürfel
2 TL Zucker • Salz • Pfeffer • 3–4 EL Obstessig
2 EL Olivenöl • 180 g Salatgurke • Meersalz
3 Stängel Minze

SUPPEN

FEINES KARTOFFELSÜPPCHEN

»Speck gibt der Suppe einen wundervollen Räuchergeschmack«

Vom Porree verwende ich in diesem Fall nur das Weiße. Ich putze und wasche also den weißen Porree, schneide ihn in feine Ringe und wasche ihn nochmals. Dann dünste ich ihn in der Butter und dem feinen Räucherspeck an. Inzwischen schäle ich die Kartoffeln und wasche sie. Dann schneide ich die Kartoffeln in feine Würfel und gebe sie zum Porree. Nun gieße ich alles mit einem Liter Hühnerfond auf und füge eine Prise Meersalz dazu. Attention: Beim Salzen bitte an den Speck denken!

● Ich lasse die Suppe bei kleiner Hitze ungefähr 30 Minuten leise köcheln, bis die Kartoffeln so richtig schön weich sind. Wird sie zu dick, gebe ich noch etwas Fond oder Wasser dazu. Dann nehme ich den Speck heraus, püriere die Suppe mit dem Stabmixer und passiere sie durch ein Haarsieb.

● Vor dem Servieren mache ich das Kartoffelsüppchen nochmals ganz heiß, schäume es mit dem Stabmixer auf und fülle es in Porzellanschälchen. Obendrauf kommen noch ein paar von meinen kleinen Croûtons.

Wer es sahnig und rahmig mag, kann auf die warmen Süppchen einen Tupfer geschlagene Sahne tun, das macht sie noch feiner und lässt sie wie einen Cappuccino aussehen.

FÜR 6 PERSONEN
130 g Porree (nur das Weiße) • 30 g Butter
3 Scheiben Räucherspeck (etwa 65 g)
500 g fest kochende Kartoffeln
1 l Hühnerfond (Rezept Seite 35)
etwas Meersalz • evtl. 6 EL geschlagene Sahne
3 EL Croûtons (Rezept Seite 156)

REISSUPPENEINTOPF

»Damit hat meine Mutter mal 100 Feuerwehrleute versorgt...«

Ich koche eine Rinderbrühe, spüle dafür das Suppenfleisch ab und bringe es mit zwei Liter Wasser zum Kochen. Den Schaum schöpfe ich mit einer Schaumkelle immer wieder ab. Das Gemüse wird geputzt und klein geschnitten, die Kräuter fürs Bouquet garni gewaschen und trockengeschüttelt. Alles zusammen mit dem Lorbeerblatt, Salz (oder Brühwürfel) und den Pfefferkörnern dazugeben und die Suppe etwa 2½ Stunden köcheln lassen. Eventuell noch etwas Flüssigkeit dazugeben. Wenn das Fleisch gar ist (es darf nicht zerfallen!), befreie ich es von Knochen, Fett und Sehnen und schneide es in kleine Würfel. Die Brühe passiere ich durch ein Haarsieb, stelle sie kalt und nehme das erstarrte Fett ab.

● Nun kommt das Olivenöl in einen großen Topf, darin wird die fein geschnittene Zwiebel angedünstet. Dann kommt der Knoblauch, entkeimt und fein geschnitten, zusammen mit dem Reis dazu. Auch kurz andünsten und die Tomaten, das Tomatenmark, das Lorbeerblatt und die Fleischbrühe (etwa 1½ Liter) dazugeben. Inzwischen den Porree (das Hellgrüne) in Stückchen von einem halben Zentimeter schneiden und gut waschen. Wenn der Reis fast gar ist, den Porree in die Suppe tun und nur etwa eine Minute mitkochen. Den Topf nehme ich nun vom Herd, der Reis gart noch nach. Ich tue das Rindfleisch hinein, schmecke – wenn nötig – noch mit Salz ab und mahle etwas Pfeffer aus der Mühle darüber. Zum Servieren gebe ich noch etwas saure Sahne und natürlich gehackte Petersilie obendrauf.

FÜR 5 PERSONEN Foto Seite 37
<u>Rinderbrühe:</u> 1 kg Suppenfleisch (z. B. Querrippe, Hochrippe, Brust) • 125 g Möhren
1 kleine Zwiebel • 75 g Knollensellerie
1 Bouquet garni (Petersilie, Thymian, Liebstöckel, etwas Porree)
1 Lorbeerblatt • Salz (oder 1–2 Brühwürfel)
10 schwarze Pfefferkörner

1 El Olivenöl • 1 große Zwiebel
2 Knoblauchzehen • 200 g Langkornreis
400 g Tomaten aus dem Glas oder der Dose
1 EL Tomatenmark • 1 Lorbeerblatt
200 g Porree • Pfeffer • 5 EL saure Sahne
1–2 EL gehackte Petersilie

Deftiger Reissuppen-Eintopf · Seite 36

Crabmeat mit
Guacamole · Seite 42

>> Das Lokal meiner Eltern in Frisange habe ich schön Schritt für Schritt in mein Feinschmecker-Restaurant umgewandelt. Stammgäste möchten zwar immer etwas Neues essen, aber ich hatte höllische Angst davor, dass sie sagen: ›Das ist auch nicht mehr so, wie es mal war.‹ Also habe ich meine Gäste ganz behutsam mit hochgezogen. Dabei haben mir meine Vorspeisen stets geholfen. Ich finde, daran kann man die Ambitionen eines Lokals erkennen«

Zabaione mit Keta-Kaviar · Seite 43

VORSPEISEN

Reibekuchen mit Räucherlachs · Seite 42

»Wenn sich Freunde zum Essen ansagen, bin ich genauso nervös wie jede andere Hausfrau auch!«

Gefüllte Nudeltaschen · Seite 43

VORSPEISEN

REIBEKUCHEN MIT RÄUCHERLACHS

»Lassen Sie sich schöne dicke Scheiben Lachs abschneiden, aus denen Sie Taler stechen können!«

Die Kartoffeln werden geschält, geraffelt und in einem Mulltuch gut ausgedrückt. Ich würze die Kartoffelraspel mit Salz und Pfeffer aus der Mühle und setze sie als zwölf Häufchen in zwei Pfannen mit heißem Fett. Bei mittlerer Hitze brate ich sie etwa fünf Minuten, bis die Teigränder goldbraun sind. Die Reibekuchen werden vorsichtig gewendet (sie sind sehr locker!) und weitere drei Minuten gebraten. Ich lasse sie auf Küchenpapier abtropfen und stelle sie im Backofen warm.
● Aus dem Räucherlachs steche ich zwölf Taler möglichst in der Größe der Reibekuchen aus. Die Zitrone heiß abwaschen, trocken reiben und die Schale mit einem Zestenreißer abziehen. Den Zitronensaft auspressen.
● Die Sahne ziehe ich unter die Crème fraîche und schmecke mit dem Zitronensaft, Salz und Pfeffer aus der Mühle ab. Auf jeden Reibekuchen gebe ich eine kleine Scheibe vom Lachs, einen Teelöffel von der Crème fraîche und etwas Keta-Kaviar. Als i-Tüpfelchen kommen die Streifen von der Zitronenschale und etwas Kresse obendrauf.

Die Reibekuchen schmecken frisch aus der Pfanne am besten. Notfalls können Sie sie vorher backen und im Backofen bei 150 Grad (Umluft 130 Grad, Gas Stufe 1) etwa zehn Minuten erwärmen.

FÜR 6 PERSONEN Foto Seite 40
1 kg Kartoffeln, vorwiegend fest kochend • Salz
Pfeffer • 4 EL Erdnussöl zum Braten
3 große Scheiben Räucherlachs à 150 g (etwa 1 cm dick) • 1 unbehandelte Zitrone
2 EL geschlagene Sahne • 150 g Crème fraîche
50 g Keta-Kaviar • ½ Päckchen Kresse

CRABMEAT MIT GUACAMOLE

»Etwas kompliziert, leider teuer und absolut superbe – ein Rezept von meinem Sous-Chef Hákon Örvasson«

Die Krebsscheren aufklopfen und das faserige Fleisch mit einem Küchenmesser herauspulen. Das macht etwas Arbeit, weil Sie aufpassen müssen, dass keine Splitter vom Panzer im Fleisch bleiben. Nun zerpflückt Hákon das Crabmeat mit den Händen und vermischt es mit der Mayonnaise, die er vorher mit zwei Esslöffel Wasser verdünnt hat.
● Geschnittene Kräuterblättchen dazutun, mit Salz und etwas Piment aus der Mühle, dem Zitronensaft und eventuell Cayennepfeffer würzen und zuletzt die Tomatenstückchen unterrühren. Diese wunderbare Mischung kommt in den Kühlschrank, bis die Guacamole fertig ist.
● Das reife Avocadofleisch löst Hákon vom Kern und aus der Schale, zerdrückt es mit einer Gabel und gibt etwas Zitronensaft darunter. Dieses schöne grüne Mus wird mit Salz abgeschmeckt – fertig.
● Das Crabmeat drücken wir im Restaurant in einen Ring, damit wir die schöne Form haben, und platzieren es auf die Mitte des Tellers. Rundherum kommen Tupfer von Paprikapüree. Auf das Crabmeat kommt die Guacamole, die Hákon mit zwei Teelöffeln exakt formt. Obendrauf ein Röhrchen Schnittlauch und – fertig. Lassen Sie es sich gut schmecken!

FÜR 6 PERSONEN Foto Seite 38
<u>Crabmeat:</u> 12 fertig gekoche Krebsscheren
oder 1 Dose Krebsfleisch (etwa 200 g)
2 EL Mayonnaise (Rezept Seite 111)
6 Basilikumblätter • 10 Korianderblättchen • Salz
Piment • 1–2 TL Zitronensaft • evtl. Cayennepfeffer
2 El Tomatenstückchen (ohne Haut und Kerne)
<u>Guacamole:</u> 1 reife Avocado
2–3 TL Zitronensaft • Salz
<u>Deko:</u> Schnittlauch und Paprikapüree

ZABAIONE MIT KETA-KAVIAR

»Ein Genuss, aber die Eier müssen wirklich ganz frisch sein!«

Die Sahne schlage ich steif, gebe den Wodka, etwas Salz und den Zitronensaft dazu und stelle sie kalt.
● Ich gebe die Eier in eine Wasserbadschüssel, schlage sie mit dem Schneebesen auf und streue etwas Salz und Piment aus der Mühle darüber. Die Schüssel kommt nun übers warme Wasserbad und die Eimasse wird mit dem Schneebesen oder – das geht einfacher – mit den Quirlen des Handrührers so lange geschlagen, bis sie eine cremige Konsistenz hat. Dann die weiche Butter in Flocken darunter schlagen und alles durch ein Sieb streichen.
● Die heiße Zabaione fülle ich in vorgewärmte Mokkatassen, setze je ein Sahnehäubchen darauf und dekoriere fein mit dem Keta-Kaviar und dem Schnittlauch. Bon appétit!

FÜR 8 PERSONEN Foto Seite 39
100 g Sahne • 2 TL Wodka • Salz
1 TL Zitronensaft • 8 Eier • Piment • 30 g Butter
80 g Keta-Kaviar • ½ Bund Schnittlauch

GEFÜLLTE NUDELTASCHEN

»Ein raffiniertes Rezept für Gäste«

Für die Füllung spüle ich die Zucchini ab, tupfe sie trocken, raffele sie grob und dünste sie in etwas Butter an. Das Basilikum waschen, trocken schütteln, die Hälfte davon fein hacken. Ich reibe den Parmesan und stelle 20 Gramm beiseite.
● Die Zucchiniraffel, das gehackte Basilikum, der zerdrückte Ricotta, 100 Gramm Parmesan und das Ei werden verrührt. Ich gebe Salz und Pfeffer darüber und schmecke mit einem Hauch Muskat ab.
● Für die Tomatensoße hacke ich die Zwiebeln fein und dünste sie mit dem Knoblauch im heißen Öl glasig. Die Tomaten spüle ich ab, würfele sie grob und gebe sie dazu. Mit Salz, Zucker und Pfeffer würzen und etwa 30 Minuten bei kleiner Hitze köcheln. Die Soße passieren, abschmecken und warm halten. Den Nudelteig rolle ich durch die Nudelmaschine und schneide schöne dünne Teigplatten daraus zu. Nacheinander für eine Minute in kochendes Wasser geben, in Eiswasser abschrecken und zum Abtropfen auf ein Küchentuch legen.
● Von der Füllung tue ich je einen Esslöffel in die Mitte der Teigquadrate. Die Ecken schlage ich wie bei einem Briefumschlag zur Mitte hin ein. Die gefüllten Nudeln werden mit einem Pinsel leicht gebuttert und in eine gefettete Form oder auf ein Backblech gelegt. Vor dem Servieren kommen sie für etwa fünf Minuten in den vorgeheizten Backofen und garen bei 200 Grad (Umluft 180 Grad, Gas Stufe 4). Die Nudeln sind fertig, wenn sie oben schön kross sind.
● Pro Person lege ich zwei bis drei Nudeln auf einen Teller und dressiere mit der heißen Tomatensoße, dem restlichen Basilikum und dem restlichen Parmesan. Ihre Gäste werden Sie lieben!

FÜR 4 PERSONEN Foto Seite 41
14 selbst gemachte Nudelteigplatten von
12 x 12 cm aus etwa 350 g Nudelteig (Rezept
Seite 103) • 1 EL Butter • Fett für die Form
Füllung: 250 g Zucchini • 1 EL Butter
1 Bund Basilikum • 120 g Parmesan
250 g Ricotta • 1 Ei • Salz • Pfeffer • Muskatnuss
Soße: 2 Zwiebeln • 6 EL Olivenöl
3 Knoblauchzehen • 10 reife Tomaten
Salz • Zucker • Pfeffer

VARIATION: MIT GARNELEN-FÜLLUNG

Für zwei Personen brauchen Sie das Fleisch von acht frischen Riesengarnelen, fein gehackt, dazu einen kleinen Löffel frisch geriebenen Parmesan, fein gehackte Kräuter (ein halber Teelöffel Majoranblättchen, ein paar Blätter glatte Petersilie), etwas Cayennepfeffer und Salz. Alles gut vermischen. Aus dem dünn ausgerollten Nudelteig 24 Kreise von sechs Zentimeter Durchmesser ausstechen. Auf zwölf Teigkreise kommt je ein Teelöffel Füllung, die anderen werden als Deckel draufgelegt und mit beiden Händen fest zugedrückt. Beim Festdrücken presse ich gleich die Luft mit raus, sonst nehmen die Ravioli beim Kochen Wasser auf. Wer auf Nummer sicher gehen will, kann die Ränder vor dem Schließen auch mit Eiweiß bestreichen. Die fertigen Ravioli etwa zwei Minuten lang in kochendem Salzwasser garen und herausheben. Ich verteile sie auf die Teller, gebe ein wenig Soße dazu und dekoriere mit dünn gehobelten Parmesanspänen und frittierten Petersilienblättern. Voilà!

Raukesalat mit Tomaten und Olivenpaste · Seite 47

Mousse vom Räucherlachs
mit Keta-Kaviar · Seite 47

» Einen Salat probiere ich immer ganz vorsichtig – und wenn die Soße gut ist, bin ich im Himmel! Schon als Kind hatte ich mir geschworen, meine eigene Vinaigrette zu erfinden: so eine, die säuerlich genug ist, um den frischen Geschmack vom Salat zu unterstreichen, ohne dass die Säure den Gaumen massakriert! Wer guten Wein liebt, weiß genau, wovon ich rede«

» Die beste Küche ist die einfache – aber aus allerbesten Zutaten!«

RAUKESALAT MIT TOMATEN, OLIVENPASTE UND PARMESAN

»Die Salatsoße mache ich hier mal mit Zitronensaft statt Essig«

Die Rauke abspülen und trocken schütteln. Die Tomaten spüle ich ab, viertele und entkerne sie und schneide sie in feine Spalten. Dann verrühre ich die Soßenzutaten und vermische sie mit der Rauke.

● Auf die Teller verteile ich jeweils einen gehäuften Teelöffel Olivenpaste und darauf den Salat. Nun nur noch den Parmesan darüber hobeln und mit den Tomatenspalten oder den halben Kirschtomaten dekorieren. Noch ein paar Basilikumblättchen dazu und Sie haben einen wunderbaren Sommersalat!

Am liebsten mag ich geröstetes Bauernbrot mit schwarzer Olivenpaste dazu.

FÜR 4 PERSONEN Foto Seite 44
250 g Rauke • 4 Tomaten oder 12 Kirschtomaten
8 TL Olivenpaste (Rezept unten) • 80 g Parmesan
3–4 Stängel Basilikum
Salatsoße: 6–8 EL Olivenöl • Salz • Pfeffer
½ Zitrone (Saft) • 1 EL Puderzucker

SCHWARZE OLIVENPASTE

»Natürlich selbst gemacht am besten«

Tapenade, die man fertig kaufen kann, ist oft scharf gesalzen, und das mag ich nicht so. Ich püriere lieber die schwarzen, entsteinten Oliven mit etwas Öl und ganz wenig (oder auch ohne) Salz im Mixer. Danach schmecke ich die Olivenpaste mit Pfeffer aus der Mühle ab, kann sie in ein Glas mit Deckel füllen und im Kühlschrank aufbewahren – oder gleich zur Rauke für leckere Crostini verwenden!

FÜR 200 GRAMM
200 g schwarze, entsteinte Oliven
2–3 EL Olivenöl • evtl. Salz • Pfeffer

MOUSSE VOM RÄUCHERLACHS MIT KETA-KAVIAR

»Attention! Die Mousse muss mindestens vier Stunden gekühlt werden«

Ich schneide 125 Gramm von dem Räucherlachs in feine Würfel, gebe eine halbe Tasse kalten Hummerfond aus dem Glas dazu und püriere beides mit dem Stabmixer. Anschließend schmecke ich mit Tabasco und Worcestersoße ab.

● Die Gelatine wird nach Packungsanweisung in kaltem Wasser eingeweicht, im restlichen heißen Hummerfond aufgelöst und dann unter die Lachsfarce gerührt. Diese Masse stelle ich sofort wieder kalt. Ich schlage dann die kalte Sahne steif und hebe sie vorsichtig unter die gelierende Lachsmasse. Diese Mousse fülle ich jetzt dekorativ in acht kleine Gläser und stelle sie für mindestens vier Stunden im Kühlschrank kalt.

● Den restlichen Lachs schneide ich vor dem Servieren in feine Würfel, spüle den Dill ab und schüttle ihn trocken. Damit's schön aussieht, dekoriere ich jede Portion mit einem kleinen Stängel Dill, die eine Hälfte mit den Lachswürfeln und einem Zitronenstückchen, die andere Hälfte mit Keta-Kaviar und einem Zitronenstückchen.

FÜR 8 PERSONEN Foto Seite 45
175 g Räucherlachs im Stück
170 ml guter Hummerfond aus dem Glas
2–4 Tropfen Tabasco • 1 TL Worcestersoße
3–4 Blatt weiße Gelatine • 250 g Sahne
2–3 Stängel Dill • 60 g Keta-Kaviar • ¼ Zitrone

VORSPEISEN

HÜHNERLEBER-TERRINE
»Sie brauchen eine große Terrinenform, die zwei Liter Inhalt fasst«

Das Fleisch, den Speck und die Leber drehe ich durch den Fleischwolf oder püriere alles im Mixer. Die Schalotten abziehen, fein hacken, in der Butter dünsten und beiseite stellen. Ich wasche den Thymian, schüttle ihn trocken und zupfe von drei Stängeln die Blättchen ab. Die Thymianblättchen, die Petersilie und ein Lorbeerblatt fein hacken.
- Das Fleisch, die abgekühlten Schalotten und die fein gehackten Kräuter vermische ich mit den Eiern, dem Salz und Pfeffer aus der Mühle, bis eine homogene Masse entstanden ist. Dann gebe ich die Sahne, den Weißwein und einen Schuss Cognac dazu und verknete alles miteinander.
- Ich lege eine große Terrinenform, am besten aus emailliertem Guss, mit den Speckscheiben aus. Sie können auch eine Form aus Porzellan oder eine Kastenform (30 Zentimeter lang) nehmen, wichtig ist, dass die Form zwei Liter Inhalt fasst. Die Lebermasse einfüllen, die Speckenden darüber klappen, mit dem restlichen Thymian und zwei bis drei Lorbeerblättern belegen. Die Terrine verschließe ich mit dem Deckel, es geht auch mit Alufolie.
- Die Form kommt jetzt in den Backofen: Er wurde auf 200 Grad (Umluft 180 Grad, Gas Stufe 4) vorgeheizt. Die Fettpfanne wird mit heißem Wasser gefüllt und die Terrinenform ins Wasserbad gestellt. Nach etwa 1½ Stunden ist die Hühnerleber-Terrine gar. Ich lasse sie abkühlen, schütte die Flüssigkeit ab und stürze sie aus der Form. Zum Servieren schneide ich sie in Scheiben und reiche süßsaure Gurken, Silberzwiebeln und Bauernbrot dazu.

Am besten schmeckt's, wenn man die Terrine zwei Tage im Kühlschrank durchziehen lässt!

FÜR 16 SCHEIBEN Foto Seite 49
200 g Schweinenacken • 200 g durchwachsener Speck • 260 g Hühnerleber • 3 Schalotten
1 EL Butter • ½ Bund Thymian
5 EL gehackte Petersilie • 3–4 Lorbeerblätter
3 Eier • ½ TL Pfeffer • 100 g Schlagsahne
100 ml Weißwein • 1 EL Cognac • Salz
140 g dünn geschnittener durchwachsener Speck oder Bacon

FEINE KÖNIGINPASTETEN
»Die beste ›Resteverwertung‹ der Welt«

Wenn ich eine Consommé koche, kann ich das Poulardenfleisch wunderbar für die Pastetenfüllung verwenden. Sonst einfach eine Hühnerbrust mit Knochen in einem drei viertel Liter Wasser mit etwas Suppengrün, Salz und fünf Pfefferkörnern etwa eine halbe Stunde lang kochen, die Brühe durchs Haarsieb passieren und für die Soße verwenden.
- Ich enthäute das weiße Brustfleisch der Poularde und schneide es in kleine Würfel. Das Fleisch der Hühnerschenkel befreie ich von Sehnen und Äderchen und würfele es auch. Das Mehl dünste ich mit der Butter an und gebe unter Rühren nach und nach einen halben Liter von dem gut entfetteten Hühnerfond dazu. Die Soße lasse ich zehn Minuten köcheln und rühre dabei immer schön um, sie darf nicht anbrennen! Ich gebe 100 Gramm von der Sahne dazu, schmecke mit Salz und Pfeffer aus der Mühle ab und verfeinere alles mit dem Zitronensaft.
- Dann wärme ich die Blätterteigpasteten etwa zehn Minuten im Backofen bei 100 Grad (Umluft 80 Grad, Gas Stufe 1 mit leicht geöffneter Backofentür). Inzwischen die Champignons putzen, mit Salz und weißem Pfeffer aus der Mühle – nur ein Hauch! – würzen und in der restlichen Sahne etwa fünf Minuten garen lassen. Wenn es zu flüssig ist, lasse ich es noch ein bisschen einkochen. Die Champignons und das Hühnerfleisch kommen dann in die vorbereitete Soße und werden darin gut heiß gemacht. Zum Schluss ziehe ich die geschlagene Sahne darunter. Alles schnell in die heißen, krossen Blätterteigpasteten füllen und sofort servieren.

FÜR 6 PERSONEN Foto Seite 49
1 Poularde für Consommé (Rezept Seite 30/31)
40 g Mehl • 40 g Butter
½ l Hühnerfond • 150 g Sahne • Salz
weißer Pfeffer • 1 Spritzer Zitronensaft
6 fertige Blätterteigpasteten
200 g kleine Champignons
1–2 EL geschlagene Sahne

Königinpasteten · Seite 48

Hühnerleber-Terrine · Seite 48

>> Es klingt ziemlich herzlos – aber als Kind habe ich mich gefreut, wenn jemand im Dorf gestorben ist. Ein Begräbnis bedeutete ein unerwartetes Festessen mitten in der Woche, und die Königinpastete gehörte dazu. Es war, als ob man mit einem so schönen Essen den Tod besiegte: Das Leben geht weiter!«

Kopfsalatherzen mit Roquefortsoße
Seite 51

KOPFSALATHERZEN MIT ROQUEFORTSOSSE

»Immer ein wundervoll zarter Genuss«

Von den Salaten nehme ich in diesem Fall nur die Herzen: Ich löse also den festen inneren Kern aus den Salatköpfen heraus und halbiere ihn. Aus dem Salatrest lässt sich wunderbar Püree fürs Risotto verde machen (Rezept Seite 107).
● Für die Soße zerdrücke ich den Roquefort mit einer Gabel und gebe die Sahne und den Zitronensaft dazu. Alles gut verrühren und mit Salz und Pfeffer aus der Mühle abschmecken. Ich verteile die Soße auf die acht halben Salatherzen und dekoriere mit etwas geschnittener Kresse.

Die Salatherzen passen auch gut zum Thymian-Huhn (Rezept Seite 73).

FÜR 4 PERSONEN Foto Seite 50
4 Kopfsalate • 50 g Roquefort-Käse • 100 g Sahne
4 TL Zitronensaft • Salz • Pfeffer • etwas Kresse

VINAIGRETTES

»Alles wird zum Kinderspiel, wenn Sie die klassische Basis beherrschen«

Ich nehme einen milden Essig, zum Beispiel einen guten Sherry-Essig, und finde, das Verhältnis Essig zu Öl sollte in etwa eins zu drei sein, also auf einen Esslöffel Essig gebe ich drei Esslöffel Öl, sonst wird's oft zu sauer! Aber das hängt natürlich vom Essig ab und auch vom eigenen Geschmack – deshalb verlasse ich mich nicht auf feste Regeln, sondern lieber auf meinen Gaumen. Vor allem ist es ratsam, ganz besonders gut abzuschmecken, wenn man einen neuen Essig ausprobiert!
● Also, los geht's: Zuerst ziehe ich die kleine Schalotte ab und schneide sie mit Liebe in ganz feine Würfel. Mit einem Schneebesen in einer Glasschüssel verrühre ich dann die Schalottenwürfel, den Essig, das Salz und den Pfeffer aus der Mühle. Dann kommt der Senf dazu, ich mag einen guten, scharfen Senf, aber auch das ist Geschmackssache und kann nach Belieben variiert werden. Zum Schluss rühre ich das Öl darunter, ich liebe ein gutes Erdnuss- oder Sonnenblumenöl am Salat. Fertig zum Sofortgebrauch! Und sehr gern mag ich auch etwas fein geschnittenen Porree darunter.

Man kann die Basis-Vinaigrette auch sehr gut ein paar Tage im luftdicht verschlossenen Glas aufbewahren.

**FÜR EINEN GROSSEN SALAT
FÜR 4 PERSONEN**
1 kleine Schalotte • 50 ml milder Essig
(z. B. Sherry-Essig) • Salz • Pfeffer
1 TL scharfer Senf (z. B. Dijon originale)
150 ml gutes Erdnuss- oder Sonnenblumenöl

VARIATION: KRÄUTER-VINAIGRETTE
Zum Schluss fein geschnittene Kräuter wie Kerbel, Estragon, Schnittlauch oder gehackte glatte Petersilie unter die Vinaigrette heben.

VARIATION: VINAIGRETTE MIT EI
Einfach ein Ei hart kochen, mit der Gabel zerdrücken und unter die Vinaigrette rühren. Das passt auch gut als Soße zum Spargel (Rezept Seite 124).

VARIATION: ELEGANTE VINAIGRETTE
Im Restaurant mache ich den Salat mit einer sehr eleganten Vinaigrette, mit halb Sherry- und halb Balsamico-Essig. Dazu etwas fein geschnittene Schalotte, Meersalz und Pfeffer aus der Mühle und gutes Erdnussöl. Zum Besänftigen kommen etwas Portwein (zu Sirup reduziert) und Trüffeljus hinein. Voilà, diese Soße könnte man mit dem Löffel essen!

VARIATION: DIÄT-VINAIGRETTE
Eine große Tomate, gewaschen und geschält, mit dem Stabmixer pürieren und durch ein Haarsieb passieren. Dazu kommen etwas Salz und guter Pfeffer, die genehmigte Menge an Olivenöl, Essig nach Geschmack, ein paar Basilikumblättchen fein geschnitten – und Sie können Ihren Lieblingssalat voll genießen wie in guten Zeiten. Bon appétit!

Ein guter Trick, wenn die Vinaigrette mal zu sauer geraten ist: mit Ei oder Tomate verlängern.

》 Ich liebe Komplimente. Denn wenn die Gäste zufrieden sind, ist im Nu die ganze Arbeit und Anstrengung vergessen. Manchmal glaube ich, dass ich gerade wegen dieser schönen direkten Komplimente Köchin geworden bin und nicht Anwältin! Am allerbesten konnte mich übrigens mein Vater loben, mit integriertem Ansporn, das merkte ich schon als junges Mädchen. Einmal, nach einem schlimmen Streit, sagte er: ›… aber du kochst so gut, dass man dich lieben muss.‹ Da habe ich ihm zur Versöhnung Muschelragout gemacht.«

Matjesfilets in Sahnesoße
Seite 67

Muscheln in Rieslingsoße · Seite 56

» Fisch muss frisch sein. Wenn er nach Fisch riecht, kann man damit nicht mal Nachbars Katze eine Freude machen«

Kabeljaufilet mit
Senfkörnern · Seite 56

FISCH

MUSCHELN IN RIESLINGSOSSE

»Schwingen Sie den Topf professionell, so werden die Muscheln gleichmäßig gar«

Die Miesmuscheln werden abgekratzt, der Bart wird entfernt, erst danach wasche ich sie. Ich schneide ein Viertel vom Weißen einer Porreestange, die Karotte, den Stangensellerie und die Schalotte ganz klein. Das Gemüse schwitze ich in einem großen Topf in der Butter gut an, lösche mit 200 Milliliter Wasser oder Hühnerfond ab und lasse alles ein paar Minuten köcheln. Ich gieße den Riesling dazu und lasse es noch einmal kurz aufkochen.

● Ich gebe alle Muscheln hinein und rühre einmal um. Dann lege ich den Deckel auf den Topf, warte drei Minuten und fasse mit einem Küchentuch über den Deckel hinweg beide Henkel fest an. So kann ich den Topf nach vorn schwingen, ganz professionell. Den Schwung wiederhole ich noch zwei- bis dreimal, damit die Muscheln gleichmäßig gar werden. Nach etwa zehn Minuten, sobald sie sich öffnen, sind sie gut. Die Petersilie darüber und gut pfeffern.

FÜR 3–4 PERSONEN Foto Seite 54
2 kg Miesmuscheln • etwas Porree • 1 Möhre
1 Selleriestange (150 g) • 1 Schalotte • 1 EL Butter
evtl. 200 ml Hühnerfond (Rezept Seite 35)
¾ l Riesling (oder anderer trockener Weißwein)
3 EL fein gehackte Petersilie • Pfeffer

VARIANTE: FEINES MUSCHELRAGOUT

Die Riesling-Muscheln aus der Schale lösen. Den Fond zur Hälfte einkochen und eine Messerspitze feinsten Curry dazugeben. Die Soße etwas köcheln lassen und passieren. Ich vermische einen Teelöffel weiche Butter mit einem kleinen Teelöffel Mehl und rühre die Mehlbutter in die kochende Soße. 200 Gramm Sahne hinein, kurz aufkochen, nochmals passieren und zwei bis drei Safranfäden dazu. Wenn die Soße zu kochen beginnt, ist sie fertig. Zum Schluss zwei bis drei Esslöffel geschlagene Sahne unter die Soße heben, damit sie schön schaumig wird. Etwas Schnittlauch obendrauf und die Muscheln mit der Soße auf die vorgewärmten Teller verteilen. Ich mag das Muschelragout mit Basmatireis oder ganz raffiniert zu pochiertem Fisch.

KABELJAU MIT SENFKÖRNERN

»Bei dieser Spezialität aus Luxemburg ist gutes Timing angesagt«

Für die Soße weiche ich die Senfkörner in 100 Milliliter Bier ein. Das restliche Bier lasse ich bei großer Hitze auf etwa die Hälfte einkochen und schlage dann die kalte Butter darunter. Die Soße durch ein Haarsieb passieren, die Senfkörner dazugeben und mit Meersalz und etwas Zucker abschmecken. Voilà!

● Dann wasche ich die Kartoffeln und gare sie in der Schale etwa 25 bis 30 Minuten. Die Kartoffeln pelle ich, zerdrücke sie mit einer Gabel und beträufele sie mit zwei Esslöffel Olivenöl. Salzen, mit den Petersilienblättchen bestreuen und warm stellen.

● Das Kabeljaufilet schneide ich in vier Stücke, erhitze das restliche Olivenöl in einer Pfanne und brate den Fisch auf der Hautseite schön kross an. Anschließend kommt er in der Pfanne in den vorgeheizten Backofen und wird bei 200 Grad (Umluft 180 Grad, Gas Stufe 4) nur etwa vier bis sechs Minuten gegart. Inzwischen werden die Teller vorgewärmt, die Kartoffeln und die Soße nochmals erhitzt. Wenn die Kartoffeln zu trocken sind, tue ich einfach einen Esslöffel Wasser hinein. Die Kartoffeln verteile ich auf die vier Teller und gebe die heiße Soße dazu. Obendrauf kommt der Kabeljau und alles wird noch mit grobem Meersalz und Pfeffer aus der Mühle bestreut. Bon appétit!

FÜR 4 PERSONEN Foto Seite 55
4 Kartoffeln • 4 EL Olivenöl • Meersalz
3–4 Stängel glatte Petersilie
1 großes Kabeljaufilet mit Haut (etwa 500 g)
Pfeffer
Soße: 50 g Senfkörner
300 ml mildes Bier • 20 g Butter
Meersalz • Zucker

SCHELLFISCH IM TEIGBLATT

»Ideal für empfindliche Fischfilets«

Zuerst wasche ich die Fischfilets und trockne sie mit Küchenpapier vorsichtig ab.
• Ich breite die Teigblätter aus und bestreiche sie mit etwas flüssiger Butter.
• Die Filets lege ich darauf und gebe Meersalz darüber. Dann das Grün der Lauchzwiebeln in sehr feine Ringe und die beiden Champignons in ganz feine Streifen (»Julienne«) schneiden, zusammen mit den Korianderblättchen auf die Filets verteilen.
• Ich packe den Fisch schön gleichmäßig in den Teig, brate die Fischpäckchen in der heißen Pfanne im Öl an und von jeder Seite etwa drei Minuten gut braun. Dann sind sie kross und fertig.

FÜR 4 PERSONEN Fotos rechts
4 Schellfischfilets à 100 g • 4 Blatt Filoteig, Frühlingsrollenteig oder eingeweichte Reisblätter
1–2 EL flüssige Butter • Meersalz
2 Lauchzwiebeln • 2 rosa Champignons
8 Korianderblättchen • etwas Erdnussöl

CHAMPAGNERSOSSE ZUM FISCH

»Einfach, risikolos und erfolgsgarantiert«

Für die Soße nehme ich nie Weißwein, lieber Sekt oder Champagner. Sie wird so viel feiner und edler. Den Champagner lasse ich zur Hälfte einkochen und gebe den Hühnerfond dazu. Nochmals zur Hälfte einkochen lassen. Die saure Sahne hinein und die eiskalte Butter in Stückchen drunterschlagen, so dass eine sämige Soße entsteht. Mit Salz, Zucker und eventuell etwas Zitronensaft abschmecken und vor dem Servieren mit dem Stabmixer aufschäumen. Die geschlagene Sahne drunterziehen – und Sie haben eine Soße wie im Bilderbuch, die übrigens perfekt zu edlem Fisch wie Seezunge und Steinbutt passt.

FÜR 4 PERSONEN
200 ml Champagner • 200 ml Hühnerfond (Rezept Seite 35) • 3 EL saure Sahne • 50 g Butter
Meersalz • 1 Prise Zucker • evtl. 1 TL Zitronensaft
1–2 EL geschlagene Sahne

St. Petersfisch mit
Kardamom · Seite 62

Edelfischfilet mit
Tomate und
Basilikum · Seite 62

 Für mich ist Butter ein Allround-Talent, dabei sehr bescheiden. Sie hebt den Geschmack der Speisen, ohne sich zu sehr in den Vordergrund zu spielen. So auch bei diesen edlen Fischen. Wie die zweite Geige in einem Konzert – man hört sie kaum heraus, aber sie ist wichtig für die Gesamtkomposition. Voilà!«

» Ich habe eine Vorliebe für Fischzubereitungen, mit denen man einen Supereffekt erzielt!«

Millefeuille vom Lachs · Seite 63

FISCH

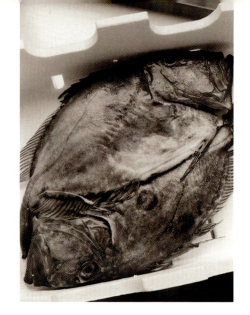

ST. PETERSFISCH MIT KARDAMOM

»Ein Fest steht ins Haus? Als Zwischengang im Menü reicht's für acht Personen«

Den Thymian spüle ich ab und schüttle ihn trocken. Das Gemüse putze ich, schäle die Zwiebeln und schneide alles in kleine Stücke. Die Gemüse- und Zwiebelstücke werden in 20 Gramm Butter kurz angedünstet, aber nicht gebräunt. Jetzt gieße ich 700 Milliliter Sekt dazu und lasse ihn im offenen Topf zur Hälfte einkochen. Dann kommen der Hühnerfond, der Thymian und das Lorbeerblatt hinein. Deckel drauf und alles zwei Stunden bei kleiner Hitze kochen lassen. Falls es zu sehr einkocht, füge ich noch etwas Wasser dazu.

• Den Fond vom Herd nehmen und 20 Minuten ziehen lassen. Ich gieße ihn durch ein Sieb, drücke das Gemüse ein wenig aus und koche dann 400 Milliliter von dem Fond auf die Hälfte ein. Außerdem breche ich etwa einen Teelöffel Kardamomsamen aus den Hülsen und zermahle sie grob im Mörser.

• 30 Gramm Butter in einem Topf aufschäumen, den Kardamom und den restlichen Sekt dazugeben und verkochen lassen. Den eingekochten Gemüsefond zugießen und 15 Minuten bei kleiner Hitze kochen. Zum Schluss rühre ich schnell 50 Gramm eiskalte Butter in Flöckchen unter und schmecke mit Meersalz und Pfeffer aus der Mühle ab. Geschafft!

• Die Zucchini spüle ich ab, tupfe sie trocken und schneide sie in ganz dünne Scheiben. Sie werden in der restlichen Butter zwei Minuten geschwenkt und mit Salz und Kardamom aus der Mühle gewürzt.

• Die Fischfilets dünste ich kurz im Olivenöl. Ich gebe Pfeffer aus der Mühle darüber, richte die Zucchini und die Fischfilets mit etwas Soße an. Mit einem Stängel Kerbel dekorieren und sich von den Gästen mit einem Stern auszeichnen lassen!

FÜR 4 PERSONEN Foto Seite 58
4 Stängel Thymian • je 120 g Möhren,
Staudensellerie, Knollensellerie und Porree
2 mittelgroße Zwiebeln • 130 g Butter
760 ml Sekt • 1 l Hühnerfond (Rezept Seite 35)
1 Lorbeerblatt • 20 grüne Kardamomkapseln
Meersalz • Pfeffer • 400 g kleine Zucchini
8 Filets von St. Petersfisch à 80–100 g
3 EL Olivenöl • 4–6 Stängel Kerbel

EDELFISCHFILET MIT TOMATE UND BASILIKUM

»Wenn es raffiniert sein soll und nicht zu anstrengend, mache ich im Sommer sehr gern dieses Gericht«

Zuerst enthäute und entkerne ich die schönen reifen Tomaten und schneide das Fleisch in kleine Würfel. Ich wasche das Basilikum vorsichtig und schneide es ebenfalls sehr fein. In einer beschichteten Pfanne erhitze ich eine dicke Nuss Butter, also etwa 20 Gramm, und dünste die Fischfilets darin an, ohne dass sie Farbe annehmen. Dann mahle ich ein bisschen Meersalz darüber, lösche das Ganze mit einem Glas Champagner oder Sekt ab und lasse die Flüssigkeit etwas reduzieren.

• Nun gebe ich einfach vier Teelöffel Tomatenwürfel und das Basilikum zum Fischfilet in die Pfanne und lasse alles köcheln – aber wirklich nur ein paar Sekunden! Ich hole den Fisch heraus und halte ihn im Backofen bei ganz niedriger Temperatur warm.

• Die Soße montiere ich jetzt mit den restlichen 50 Gramm eiskalter Butter, hebe noch etwas Zitronensaft und die geschlagene Sahne darunter. Abschmecken, über den Fisch geben und fertig! Dazu Basmatireis oder Baguette – und die Komplimente lässig entgegennehmen.

FÜR 2 PERSONEN Foto Seite 59
1–2 Tomaten • 3 Stängel Basilikum
70 g Butter • 2 Edelfischfilets à 120 g
(St. Petersfisch, Seezunge oder Steinbutt)
Meersalz • 1 Glas Champagner oder Sekt
etwas Zitronensaft • 2 EL geschlagene Sahne

MILLEFEUILLE VOM LACHS MIT FRISCHEN ERBSEN

»Eine raffinierte Kombination von frischem und geräuchertem Lachs, für die Sie ein bisschen Zeit brauchen«

Für die Soße werden die Zuckerschoten abgespült, die Enden abgeschnitten und die Schoten in zwei bis drei Zentimeter große Stücke geteilt. Ich erhitze das Olivenöl in einem breiten Topf und dünste die Zuckerschoten unter ständigem Rühren an. Dann gebe ich die beiden Fonds dazu, salze, lasse alles fünf bis acht Minuten kochen und gebe es sofort in einer großen Metallschüssel zum Abkühlen ins Tiefkühlfach. Sobald die Schotensoße kalt ist, wird sie mit dem Stabmixer püriert und danach durch ein Haarsieb gestrichen. Voilà!
● Die Erbsen werden etwa drei Minuten mit etwas Salz und Zucker in wenig Wasser gedünstet.
● Ich schneide die Lachsfilets waagerecht durch und lege in die Mitte je eine Scheibe geräucherten Lachs. Ich gebe etwas Meersalz aus der Mühle darüber, lege den Fisch in eine gebutterte Form und gare ihn im vorgeheizten Backofen bei 200 Grad (Umluft 180 Grad, Gas Stufe 4) etwa sieben Minuten lang. Attention – er soll nicht zu durch sein!
● Zum Schluss kommt noch jeweils eine Scheibe geräucherter Lachs auf den Fisch und er wird eine Minute weitergegart. Ich wärme die Teller vor, erhitze die Soße noch einmal und schmecke ab. Zum Servieren tue ich erst etwas Soße auf die Teller, lege den Fisch und die frischen Erbsen darauf, garniere mit zerstoßenem Pfeffer und ein paar Minzeblättchen – und genieße!

FÜR 4 PERSONEN Foto Seite 61
Soße: 250 g Zuckerschoten • 2 EL Olivenöl
300 ml Gemüsefond aus dem Glas
300 ml Hühnerfond (Rezept Seite 35) • Salz
250 g Erbsen (evtl. TK) • Salz • 1 Prise Zucker

4 Scheiben frisches Lachsfilet à 120 g
8 kleine Scheiben geräucherter Lachs
(insgesamt ca. 200 g) • 1 EL Butter
schwarze Pfefferkörner • 3–4 Stängel Minze

KABELJAUFILET IM KNUSPRIGEN BIERTEIG

»Als einfaches Gericht für alle Tage liebe ich diesen Fisch von Josefine, meiner Köchin im Kaschthaus in Hellange«

Das Kabeljaufilet muss dünn sein und wird zunächst in fünf bis sechs Zentimeter lange Stücke geschnitten. Josefine nimmt dann eine Porzellanform, legt ein paar Knoblauchscheiben hinein und salzt die Fischstücke. Den Fisch legt sie in die Form und noch ein paar Knoblauchscheiben drauf. Dann benetzt sie alles mit Weißwein oder mit etwas Zitronensaft und lässt den Fisch 20 bis 30 Minuten marinieren.
● Zwischendurch macht Josefine einen Teig aus den Eiern, dem Mehl, Salz und Pfeffer und bringt ihn mit dem Bier auf die genaue Konsistenz: Er muss dickflüssiger sein als Pfannkuchenteig.
● Der Fisch wird leicht getrocknet, in den Bierteig getaucht – und hopp in einer Pfanne mit viel heißem Öl auf beiden Seiten goldbraun gebacken, so dass er außen schön knusprig ist. Anschließend nimmt ihn Josefine aus der Pfanne und legt ihn auf Küchenpapier, um das Fett aufzusaugen. Mit einem Klacks Sauce Rémoulade (Rezept Seite 111), neuen Kartoffeln und einem Blattsalat mit Vinaigrette (Rezepte Seite 51) ist das Ganze komplett.

Über den Fisch träufelt sich jeder Zitrone nach Geschmack. In so einem Fall schneide ich die Zitronen in Stücke und hole schon die Kerne heraus – dann muss man sich schlimmstenfalls nur noch über die eine oder andere Gräte im Filet ärgern...

FÜR 4 PERSONEN
600 g Kabeljaufilet • 2 Knoblauchzehen • Salz
2–3 EL Weißwein oder Zitronensaft
Öl zum Ausbacken • 4 Zitronenachtel
Für den Bierteig: 2 Eier • 100 g Mehl
Salz • Pfeffer • etwa 6 EL helles Bier

» Sterne fallen nicht vom Himmel, die Basis muss stimmen. Bei mir ist sie klassisch französisch«

Seezunge Müllerin
Seite 66

Seezungenfilet
auf selbst gemachten
Nudeln · Seite 66

FISCH

SEEZUNGE MÜLLERIN

»Ein Rezept der klassischen französischen Küche, nach allen Regeln der Kunst«

Am besten machen Sie sie für nur zwei Personen, sonst wird es für den Anfang zu kompliziert. Sie brauchen zwei kleine, ganz frische Seezungen. Lassen Sie sie am besten bratfertig zubereiten.

● Zuerst wasche ich die Seezungen und tupfe sie mit Küchenpapier trocken. Dann würze ich mit Meersalz und Pfeffer aus der Mühle und wälze die Fische in Mehl. Das überflüssige Mehl klopfe ich mit den Händen energisch ab, damit wirklich nur ein Hauch davon an den Seezungen kleben bleibt.

● Ich lasse zwei Esslöffel Butter (oder Butterschmalz) in einer beschichteten Pfanne schön heiß werden und lege die Seezungen hinein. Dann hebe ich sie einmal an, damit die Butter darunter laufen kann. Ich brate sie zwei bis drei Minuten bei mittelstarker Hitze goldbraun, gebe nun die restliche Butter hinzu und schöpfe jetzt fortwährend mit einem Esslöffel die Butter, um die Seezungen zu übergießen. So verbrennt die Butter nicht, und der Fisch bekommt einen herrlichen Geschmack!

● Wenn die Unterseite schön gebraten ist, drehe ich die Fische behutsam um und brate sie auf der anderen Seite genauso. Zum Schluss gebe ich auf jede Seezunge einen Esslöffel gehackte Petersilie und übergieße weiter mit der heißen Butter, damit die Petersilie gart. Dann gieße ich noch den Saft der halben Zitrone darüber. Auf vorgewärmten Tellern serviere ich die Seezungen mit Salzkartoffeln – so ist es klassisch französisch. Voilà!

Ich mag dazu je einen Teelöffel kleine Kapern sowie drei Filets von einer Zitrone, ohne Haut und fein gewürfelt, und ein paar Mini-Croûtons (Rezept Seite 156). Die Zutaten übergieße ich nochmals mit der schäumenden Butter und serviere die Seezungen sofort.

FÜR 2 PERSONEN Foto Seite 64
2 küchenfertige Seezungen à 350 g • Meersalz
weißer Pfeffer • etwas Mehl • 3 EL Butter (oder Butterschmalz, Rezept Seite 156)
4 Stängel Petersilie • ½ Zitrone

SEEZUNGENFILET AUF FRISCHEN NUDELN

»Der edle Fisch kommt mit der wunderbaren Soße zum Schluss unter den Grill und schmeckt einfach superbe!«

Am Vortag müssen Sie den frischen Nudelteig zubereiten oder 300 Gramm Nudelteig oder die fertigen Bandnudeln rechtzeitig auftauen.

● Die schönen frischen Seezungenfilets dünste ich in 20 Gramm Butter an und gebe etwas Meersalz darüber. Ich gieße den Noilly Prat und den Sekt dazu und dünste die Filets weitere vier bis sechs Minuten darin. Anschließend nehme ich sie heraus und lege sie auf eine vorgewärmte Platte. Ich lasse die Soße etwas einkochen, gebe die Sahne dazu und rühre die restliche sehr kalte Butter zum Montieren Stückchen für Stückchen darunter.

● Inzwischen habe ich auch die frischen Nudeln kurz al dente gekocht, den Backofengrill vorgeheizt und die Teller angewärmt. Ich verteile die Nudeln auf die vier Teller und lege die Seezungenfilets obendrauf. Die Soße schmecke ich mit Meersalz und weißem Pfeffer aus der Mühle ab, rühre die geschlagene Sahne unter und überziehe die Fische mit der Soße. Ich gratiniere das Ganze leicht unter dem Grill, nur etwa zwei bis drei Minuten. Einige Petersilienblättchen als Dekoration geben mal wieder grünes Licht: Lassen Sie es sich gut schmecken!

FÜR 4 PERSONEN Foto Seite 65
frische Bandnudeln aus 300 g Nudelteig (Rezept Seite 103) • 8 Seezungenfilets • 80 g Butter
Meersalz • 6–8 cl Noilly Prat (oder Martini extra dry) • 200 ml Sekt, Prosecco oder Champagner
125 g Sahne • weißer Pfeffer • 6 EL geschlagene Sahne • 1–2 Stängel glatte Petersilie

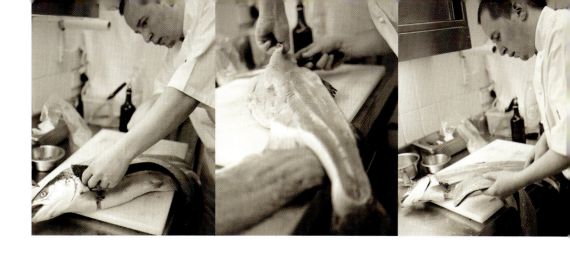

MATJESFILETS IN SAHNESOSSE

»Aufgepasst: Die Filets müssen zwei bis drei Tage in der Soße marinieren!«

Ich verrühre die Sahne, die saure Sahne und den Essig und schmecke das Ganze ab: Es muss heiter sauer sein und angenehm!

● Die Matjesfilets eventuell über Nacht wässern, sonst abspülen und mit Küchenpapier trockentupfen. Die Gewürze einzeln bereitstellen. Den Apfel schälen, vierteln, entkernen und in feine kleine Scheibchen schneiden. Die Zwiebeln schälen, halbieren und in feine Halbringe schneiden.

● Damit die Matjesfilets schön gleichmäßig marinieren, lege ich sie in eine längliche Schüssel. Ich gebe zwei Esslöffel Soße hinein und ein paar Zwiebelringe, und lege die ersten drei Filets schön flach darauf. Nun kommen zwei Wacholderbeeren, eine Nelke, ein halbes Lorbeerblatt und zwei Pfefferkörner. Darauf drei bis vier gute Esslöffel Soße und je ein Viertel der Zwiebel und der Apfelscheibchen. Es folgen die nächsten drei Filets, der Vorgang wird also noch dreimal wiederholt. Zum Schluss den Rest Soße auf die obersten Filets geben, gut mit Frischhaltefolie abdecken und zwei bis drei Tage lang in den Kühlschrank stellen. Sie dürfen die Heringe zwischendurch mit der Gabel mal auflockern, damit die leckere Soße überall hinkommt. Und auch heimlich ein bisschen probieren...

● Serviert werden die Matjesfilets in einer hübschen Schüssel. Ich mag dazu Pellkartoffeln und Bier.

FÜR 4 PERSONEN Foto Seite 53
200 g Sahne • 200 g saure Sahne
6–8 EL Weißweinessig • 12 Matjesfilets
12 Pfefferkörner • 2 Lorbeerblätter
12 Wacholderbeeren • 4 Nelken
1 großer Apfel (Granny Smith)
2 mittelgroße Zwiebeln

LACHS MIT SAUCE VIERGE

»Einfach, schnell und raffiniert – was will man mehr?«

Die Lachsfilets abspülen, mit Küchenpapier trockentupfen und mit etwas Meersalz und Pfeffer aus der Mühle würzen. Ich wälze die Filets dann in etwas Mehl, klopfe das überflüssige Mehl gut ab und brate die Lachsfilets in einer dicken Nuss Butter etwa zwei bis drei Minuten auf jeder Seite.

● Lachs gibt ja selbst keinen Jus, wie eine Seezunge das tut. Aber da können Sie sich ganz einfach helfen: In eine kleine Kasserolle gebe ich zwei Esslöffel Wasser mit dem Zitronensaft, dem Zucker und der sehr fein geschnittenen halben Schalotte und erhitze das Ganze. Dann gebe ich das allerfeinste Olivenöl dazu – es muss »extra vergine« (also »jungfräulich«) sein, denn daher hat die Soße ihren Namen. Mit einer Prise Meersalz schmecke ich ab. Und zum Schluss kommen noch die fein geschnittenen frischen Kräuter hinein – fertig! Wer mag, kann auch noch Tomatenfleisch in die Soße geben, natürlich mit Liebe in feine Stückchen geschnitten.

FÜR 4 PERSONEN
4 Lachsfilets à 125 g • Meersalz • Pfeffer
etwas Mehl • 3–4 EL Butter

Sauce Vierge: 2 TL Zitronensaft •
1 Messerspitze Zucker • ½ Schalotte
150 ml Olivenöl • Meersalz • je 1 EL Basilikum,
Koriander und glatte Petersilie
evtl. 3 EL Tomatenfleisch

» Für mich ist ein Huhn wie ein guter Freund: Es lässt einen nie im Stich. Man kann es warm oder kalt essen, pochieren, braten, am Spieß übergrillen, ganz oder in Stücken servieren – egal. Nur gut muss es sein! Und niemals tiefgefroren. Solch ein Prachthuhn, mit Liebe und Kennerblick ausgesucht, ist wirklich der beste Sous-Chef, den es gibt: Wie der zweite Mann in der Küche steht es einem mit Rat und Tat zur Seite. Und wenn es aus gutem Stall und von erlesener Herkunft ist, kann eigentlich nichts mehr schief gehen!«

GEFLÜGEL

Kaltes Huhn mit
Kräutermayonnaise
Seite 73

Entenbrust in Portwein mit Feigen · Seite 72

GEFLÜGEL

COQ AU VIN ROUGE

»So machte schon die Großmutter das Sonntagshühnchen – immer noch gut!«

Eine schöne Poularde wird in sechs Teile zerlegt, gesalzen und gepfeffert. Ich schäle die Zwiebeln und schneide den Speck in dünne Streifen. Wenn der Speck salzig ist, kurz in kochendem Wasser blanchieren, in Eiswasser abschrecken. In einem tüchtigen Topf lasse ich einen Esslöffel Butter und das Öl heiß werden und brate die Zwiebeln braun an, dann den Speck. Herausnehmen und beiseite stellen.

● Im selben Fett werden die Hühnerstücke kräftig angebraten und dann mit Cognac flambiert (Tipp Seite 156). Ich gieße die Hälfte vom Rotwein an, gebe das Bouquet garni und die geschälten Knoblauchzehen dazu, Deckel drauf und bei niedriger Hitze gut 40 Minuten köcheln lassen. Attention: Nach 20 Minuten kommt der restliche Rotwein zum Huhn!

● In der Zwischenzeit putze ich die Pilze und schneide die Stiele ganz kurz ab. Ich sautiere sie wenige Minuten in einem Esslöffel Butter, gebe Salz und Pfeffer aus der Mühle darüber. Wenn das Huhn gar ist, hole ich die Stücke aus dem Topf und lege sie auf eine warme Platte, in eine Schüssel oder einen Topf – egal, Großmutters Huhn wird auch darin serviert.

● In einer Tasse vermische ich einen Esslöffel weiche Butter mit dem Teelöffel Mehl und rühre etwas heiße Soße hinein. Die Soße im Topf lasse ich weiter köcheln und binde sie nach und nach mit der Mehlbutter, bis sie eine schöne, sämige Konsistenz hat. Noch einmal abschmecken und in einen anderen Topf passieren. Wie immer rühre ich noch ein paar Stückchen eiskalte Butter darunter. Ich tue die Zwiebeln und die Champignons dazu, lasse die Soße noch einmal aufköcheln, gebe sie mit dem Speck auf das Huhn und dekoriere mit etwas gehackter Petersilie.

FÜR 4 PERSONEN
1 Poularde von etwa 1,6 kg • Salz • Pfeffer
12 kleine weiße Zwiebeln • 125 g durchwachsener Speck • 80 g Butter, davon etwa 30 g eisgekühlt
etwa 2 EL Öl • 5 EL Cognac oder Weinbrand
¾ l guter Rotwein, am besten Burgunder
1 Bouquet garni (Lorbeer, Sellerie, Porree, Thymian) • 2 Knoblauchzehen
200 g kleine weiße Champignons de Paris
1 TL Mehl • 3 Stängel glatte Petersilie

ENTENBRUST IN PORTWEIN MIT FEIGEN

»Hier ist Ihr Organisationstalent gefragt! Vor dem Kochen müssen Sie alle Zutaten abmessen und die Feigen vorbereiten«

Die Entenbrüste sollten nicht zu groß und nicht zu fett sein, sonst wird's zu mächtig. Wenn Sie das Gefühl haben, eine Brust sei trotzdem recht fett, dann die Haut einfach mit einer scharfen Gabel aufkratzen und die Entenbrust portionsweise – wie alle anderen auch – auf der Hautseite in der heißen Pfanne anbraten. Das Fett wird so gut heiß, schmilzt und läuft aus. Ich gieße das überschüssige Fett aus der Pfanne, damit die Haut schön kross wird.

● Auf die Fleischseite der Brüste gebe ich Salz und Pfeffer aus der Mühle, die Hautseite salze ich nur. Ist die Haut schön kross, lasse ich die Entenbrüste für zwei bis drei Minuten auch auf der Fleischseite garen. Danach kommen sie für etwa 15 bis 20 Minuten in den auf 150 Grad (Umluft 130 Grad, Gas Stufe 1) vorgeheizten Backofen – wer es blutiger mag, muss sie entsprechend kürzer garen. Ich lege sie jedenfalls mit der Hautseite nach oben auf den Gitterrost, stelle einen tiefen Teller darunter und decke sie mit einem anderen Teller zu. So bleiben sie warm, werden schön regelmäßig gar und zart und der Fleischsaft wird aufgefangen.

● Inzwischen gebe ich für die Soße den Rotwein in eine Kasserolle und reduziere ihn auf ein Drittel, so dass 70 Milliliter übrig bleiben, das gibt der Soße die Kraft. In einem anderen Topf mit dickem Boden lasse ich den Zucker karamellisieren (Tipp Seite 157), lösche mit dem Sherry-Essig ab und lasse es etwas einkochen. Dann kommen die sehr fein gehackte halbe Schalotte und der Balsamico dazu. Ich reduziere das Ganze um die Hälfte, gebe den Portwein, die Nelke und die Zimtstange hinein und lasse die Soße wieder auf die Hälfte einkochen.

- Den reduzierten Rotwein aus dem anderen Topf dazugießen und sobald die Entenbrüste ihren Saft gegeben haben, gieße ich ihn ebenfalls zur Soße und lasse sie weitere fünf Minuten köcheln. Die Soße hat jetzt eine leicht sirupartige Konsistenz. Ich schmecke mit Salz und Pfeffer aus der Mühle ab und gebe die eiskalte Butter flöckchenweise mit dem Schneebesen darunter, indem ich die Kasserolle leicht kreisförmig bewege – so verbinden sich die heiße Soße und die kalte Butter am allerbesten. Nochmals abschmecken, durch ein Haarsieb passieren und die Soße ist im Kasten.
- Die Feigen müssen gewaschen und oben abgeschnitten werden. Ich schneide sie kreuzförmig ein, gebe jeweils ein Butterflöckchen, etwas braunen Zucker und einen schmalen Streifen von der Zimtstange obendrauf und gebe sie für fünf Minuten zu den Entenbrüsten in den Backofen. Attention: Sie dürfen nicht zu matschig werden!
- Die Entenbrüste teile ich nun in längliche Scheiben, nicht zu dick, denn sie sollen zart zu essen sein. Ich stelle sie noch einen kurzen Moment auf einem warmen Teller unter den Ofengrill, damit sie wieder richtig heiß werden, gebe etwas Pfeffer aus der Mühle darüber und richte die Entenbrustscheiben auf großen, vorgewärmten Tellern an. Pro Person lege ich zwei gebackene Feigen dazu und nappiere großzügig mit der Soße. Superbe!

FÜR 4 PERSONEN Foto Seite 71
4 Entenbrustfilets à ca. 300 g, nicht zu fett
Salz • Pfeffer

Soße: 200 ml kräftiger Rotwein
1 TL brauner Zucker • 2 EL Sherry-Essig
½ Schalotte • 1 EL Balsamico
150 ml kräftiger roter Portwein • 1 Nelke
1 kleine Zimtstange • Salz • Pfeffer • 35 g Butter

Feigen: 8 frische Feigen • 8 TL Butter
8 TL brauner Zucker • 1–2 Zimtstangen

KALTES HUHN MIT KRÄUTERMAYONNAISE

»Viel geliebt und ideal fürs Picknick«

Ich nehme eine schöne Poularde, bestreiche sie mit Butter, gebe etwas Salz außen auf die Haut und etwas frisch gemahlenen Pfeffer innen hinein – und dann geht's für etwa 50 Minuten ab in den 200 Grad heißen Ofen (Umluft 180 Grad, Gas Stufe 4).

- Ob das Huhn gar ist, können Sie einfach testen: Wenn Sie mit einer Fleischgabel reinpiksen und rötlicher oder trüber Fleischsaft austritt, braucht es noch ein bisschen. Ist der Saft klar und die Haut schön kross, war es lang genug im Ofen.
- Das gebratene Huhn lasse ich bei Küchentemperatur abkühlen, schneide es anschließend in mundgerechte Teile und entferne die Knochen von den Oberschenkeln und der Brust, die vom Flügel und von der Keule sind dagegen sehr praktisch fürs Picknick und bleiben dran.

Zum kalten Huhn gibt's Kräutermayonnaise: Dafür nehme ich sechs Esslöffel feste Mayonnaise (Rezept Seite 111), rühre Meersalz, etwas Cayennepfeffer und je einen Esslöffel fein geschnittenen Estragon, Kerbel und Schnittlauch hinein. Ich ziehe noch etwas Zitronensaft und zwei Esslöffel geschlagene Sahne darunter und dekoriere mit Brunnenkresse.

FÜR 4 PERSONEN Foto Seite 70
1 Poularde oder 1 Brathähnchen (1,2 kg)
2 EL Butter • Meersalz • Pfeffer

VARIATION: THYMIAN-HUHN

Die Poularde wird genauso zubereitet, nur tue ich vor dem Braten eine unbehandelte Zitrone, heiß abgespült und halbiert, in das Huhn und dazu ein Bund Thymian. Zum Hühnchen reiche ich eine Soße, die mit reduziertem Hühnerfond und frischem Thymian gemacht und mit kalter Butter montiert wird (Tipp Seite 157). Salz, Pfeffer, etwas Schlagsahne hinein – so hab ich mein Huhn zum Fressen gern!

Natürlich kann man ein kross gebratenes Huhn auch ganz ohne Soße servieren – einfach nur mit Salat und Bratkartoffeln. Oder man reicht mal Kräuterbutter (Rezept Seite 86) dazu.

»Ich nehme, was gerade auf dem Markt ist – alle feinen Gemüse passen perfekt zum Geflügel«

Putenfrikassee mit Morcheln · Seite 80

Hühnerbrustfilet mit
Champagnersoße · Seite 79

Paniertes
Putenschnitzel
Seite 78

Pochierte Poularde
mit Julienne · Seite 78

» Meine Hühner sind richtig verwöhnt. Sie fressen nur feine Mais- und Weizenkörner und die Reste vom hausgebackenen Brot. Die gebe ich meiner Madame, die mir die Hühner züchtet. Sie sind wirklich glücklich, meine Hühner, und dieses Glück teilt sich unserem Gaumen mit – sie schmecken einfach superbe!«

GEFLÜGEL

PANIERTES PUTENSCHNITZEL

»Es darf nur erstklassiges Putenfleisch sein, am besten vom Biohof«

Die Putenschnitzel lege ich zwischen zwei Plastikfolien (ich schneide einfach einen Gefrierbeutel auf) und klopfe sie schön gleichmäßig platt. Aber Vorsicht – sie dürfen nicht reißen! Anschließend werden sie mit Salz und Pfeffer aus der Mühle bestreut. Ich tue das Mehl auf einen Teller, wende die Putenschnitzel darin und klopfe das überflüssige Mehl ab.

● Die Eier verrühre ich in einem tiefen Teller und würze sie ganz leicht mit Salz und Pfeffer. Ich wende die gemehlten Schnitzel sorgfältig darin, lasse sie abtropfen und lege sie sofort auf eine Platte in die Semmelbrösel. Die Semmelbrösel drücke ich mit der Hand noch einmal schön fest, damit sie überall gut am Fleisch kleben bleiben.

● Wenn alle Schnitzel paniert sind, werden sie in der geklärten Butter oder im heißen Butterschmalz wunderschön goldbraun und herrlich kross gebraten. Ich lege sie noch kurz auf ein Küchenpapier, um das überschüssige Fett abzusaugen, dekoriere mit den Zitronenachteln, und es gibt Pommes (Rezept Seite 111) und Raukesalat mit einer Vinaigrette (Rezepte Seite 51) dazu. Bon appétit!

Die Semmelbrösel am besten aus getrocknetem Weißbrot (ohne Rinde natürlich) selbst machen. Wenn Sie einen guten Bäcker nebenan haben, können Sie auch dort fragen.

FÜR 4 PERSONEN Foto Seite 76
4 Schnitzel aus der Putenbrust à 150 g
Salz • Pfeffer • 3 EL Mehl • 2 Eier
4 EL Semmelbrösel • 3 EL geklärte Butter oder Butterschmalz (Rezept Seite 156) • 1 Zitrone

POCHIERTE POULARDE

»Das ist ein echter Klassiker aus unserem Nachbarland Belgien«

Zuerst das Gemüse vorbereiten: Die Möhren schälen und abspülen. Erst längs in dünne Scheiben schneiden und dann schräg in etwa sechs Zentimeter lange feine Streifen. Diese Form heißt »Julienne«. Den Sellerie schälen und gerade schneiden, wie die Möhre zuerst in Scheiben, dann in Streifen schneiden. Den Porree abspülen und die dicken grünen Blätter abstreifen. Das Weiße und das Hellgrüne in Streifen von sechs Zentimeter Länge schneiden. Die Champignons putzen und die Stiele abschneiden. Die Gemüsestreifen und die Pilze abgedeckt kühl stellen.

● Jetzt kommen die abgeschnittenen Gemüse- und Pilzstücke und das Grüne vom Porree zu Ehren: Mit den Pfefferkörnern und den Kräutern koche ich sie im Hühnerfond auf. Ich gebe die Poularde dazu und lasse alles etwa eine Stunde bei kleiner Hitze kochen. Das Fleisch ist gar, wenn sich die Schenkel leicht ablösen lassen. Die Poularde nehme ich aus der Brühe, lege sie auf eine tiefe Platte und lasse sie etwa zehn Minuten ruhen. Danach in acht Teile zerlegen und warm stellen.

● Inzwischen wird der Fond durchs Haarsieb gegossen und bei großer Hitze auf etwa einen drei viertel Liter eingekocht. Die Gemüsejulienne und die Champignons kommen in einen Siebeinsatz, werden gesalzen und auf Wasserdampf etwa fünf bis zehn Minuten gedämpft. Das Eigelb verquirle ich mit der Sahne und rühre zuerst die kalten Butterflöckchen in den Fond und dann die Eiersahne. Attention: Die Soße darf nicht mehr kochen, sonst gerinnt sie! Einen Spritzer Zitronensaft, das gedämpfte Gemüse und die geschlagene Sahne dazugeben. Mit Salz und Pfeffer abschmecken und die Soße über die heißen Poulardenstücke geben. Voilà!

FÜR 8 PERSONEN Foto Seite 77
300 g Möhren • ½ Knollensellerie • 1 Porreestange
16 Champignons de Paris (weiße Champignons)
6 schwarze Pfefferkörner • 1 Bund Thymian
1 Stängel Liebstöckel • 2 l Hühnerfond (Rezept Seite 35) • 1 Poularde (etwa 1,6 kg) • Salz
2 Eigelb • 125 g Sahne • 50 g Butter • 1 EL Zitronensaft • 2 EL geschlagene Sahne • Pfeffer

HÜHNERBRUSTFILET MIT CHAMPAGNERSOSSE

»Ich liebe diese elegante Soße – und ein schönes Glas Champagner dazu!«

Die Spargelstangen schneide ich auf eine Länge von 15 Zentimeter und schäle sie sorgfältig. Dann wird ein Topf Kochwasser mit Salz und dem Stück Zucker bereitgehalten. Zur Vorbereitung salze ich auch die Hühnerbrustfilets leicht und packe sie sorgfältig und fest in Frischhaltefolie ein.

● Ich putze das Gemüse, schneide es klein und lasse es in dem Hühnerfond 15 Minuten köcheln. Durch ein Haarsieb passieren und auf etwa 150 Milliliter reduzieren. Die Schalotte schäle ich, viertele sie und schneide ein Viertel sehr fein. Die Schalottenwürfel und den Champagner gebe ich in eine Kasserolle und lasse die Flüssigkeit auf 100 Milliliter einkochen. Jetzt kommt der reduzierte Hühner-Gemüse-Fond zum Champagner, ich lasse alles noch einmal aufkochen und passiere es durch ein Haarsieb. Dann rühre ich die saure Sahne darunter und halte die Soße auf dem Siedepunkt. Inzwischen schlage ich die Sahne halb fest und stelle sie beiseite. Ich schmecke die Soße mit Salz, etwas weißem Pfeffer aus der Mühle und einem Spritzer Zitrone ab.

● Die Hühnerbrüste nehme ich aus der Folie, lege sie auf einen Dämpfeinsatz und lasse sie etwa 20 Minuten langsam über der Hühnerbrühe garen, so bleiben sie ganz zart und haben ihren vollen Geschmack. Anschließend schneide ich sie in zwei bis drei Zentimeter dicke Scheiben und lasse sie abgedeckt noch etwas auf einem warmen Teller ruhen.

● Den Spargel koche ich nur etwa zehn bis zwölf Minuten, damit er nicht zu weich wird, und dressiere sehr exakt drei Stangen pro Person auf den Teller. Der Spargel wird leicht mit Butter bestrichen, damit er appetitlich glänzt. Daneben werden jetzt jeweils drei bis vier Stücke Hühnerbrust gelegt. Die Soße nochmals auf den Punkt erhitzen und die geschlagene Sahne darunter ziehen. Über die Hühnerbrust gebe ich jeweils etwas von der feinen Soße, den Rest Champagnersoße reiche ich in einer Sauciere dazu. Ein Spitzengeschmack, für den sich jede Mühe lohnt!

FÜR 4 PERSONEN Foto Seite 75
16 Stangen Spargel, weiß und/oder grün • Salz
1 Stückchen Zucker • 1 EL Butter
4 Hühnerbrustfilets von bester Qualität à 150 g
<u>Champagnersoße:</u> 150 g Gemüse (Möhren, Knollen- und Stangensellerie, Porree, 2 Stängel Petersilie, 1 Stängel Thymian) • 400 ml Hühnerfond (Rezept Seite 35) • 1 Schalotte
300 ml Champagner oder Sekt
60 g saure Sahne • 60 g Sahne • Salz
weißer Pfeffer • 1 Spritzer Zitronensaft

BUNTER BASMATIREIS

»Der wunderbar körnige Reis passt sehr schön zum Putenfrikassee und zu den Hühnchenspießen von Seite 80«

Für den bunten Basmatireis brauche ich sehr feine Möhrenwürfelchen, und zwar vier Esslöffel voll. Ich bringe den Reis und die Möhren mit drei Tassen Wasser und etwas Salz zum Kochen und lege den Deckel drauf. Der Topf kommt für 13 Minuten in den auf 180 bis 200 Grad vorgeheizten Ofen (Umluft 160–180 Grad, Gas Stufe 2–3). Ich hole den Topf aus dem Ofen, lasse den Reis noch zehn Minuten quellen, nehme dann erst den Deckel ab und lockere die Reiskörner mit einer Gabel auf. Ich richte den Reis auf einer tiefen vorgewärmten Platte an. Zum Schluss schneide ich das Grün der Lauchzwiebeln in feine Ringe und dressiere es auf den Reis.

FÜR 4 PERSONEN Foto Seite 81
1 große Möhre • 2 Tassen Basmatireis
Salz • 2 Lauchzwiebeln

GEFLÜGEL

PUTENFRIKASSEE MIT MORCHELN

»Die getrockneten Morcheln müssen ein paar Stunden eingeweicht werden«

Ich lege die Morcheln im kalten Wasser ein, gieße sie ab und fange den Morcheljus auf. Dann schneide ich das Putenfleisch in Würfel von sechs Zentimeter, gebe Salz und Pfeffer aus der Mühle und die Speisestärke gleichmäßig darüber. Damit massiere ich die Fleischstücke, brate das Fleisch im Öl gut an und lege es auf eine Platte.

● Das Öl aus der Pfanne gieße ich weg und tue eine gute Schnitte von der Butter in die Pfanne, etwa zwei Esslöffel. Zunächst dünste ich die fein geschnittene Schalotte darin an, gebe die Morcheln dazu, lasse sie etwas sautieren und lösche mit dem Morcheljus (250 Milliliter) ab. Wenn alles zur Hälfte eingekocht ist, gebe ich die Hälfte der Sahne flüssig dazu, die andere Hälfte schlage ich steif. Nun montiere ich schnell noch die restliche eiskalte Butter in Stückchen unter die Soße, schmecke ab und lege die Putenstücke wieder hinein, um sie gut zu erhitzen. Zum Schluss kommt die geschlagene Sahne dazu – voilà, einfach und lecker. Dazu mag ich den bunten Basmatireis (Rezept Seite 79).

FÜR 4 PERSONEN Foto Seite 74
15–20 g getrocknete Morcheln • 600 g Putenbrust
Salz • Pfeffer • 1 TL Speisestärke • 3 EL Öl
70 g Butter • 1 Schalotte • 400 g Sahne

ASIATISCHER HÜHNCHENSPIESS

»Die Spießchen sind sehr dekorativ, dazu schneide ich die Stücke möglichst exakt«

Das Hühnerfleisch teile ich in 24 gleiche Stücke. Ich ziehe die Zwiebeln ab und viertele sie. Das Hellgrüne vom Porree schneide ich in 16 gleich große Stücke von etwa zwei Zentimeter.

● Auf jeden Spieß stecke ich zuerst ein Stückchen Porree, dann ein Stück Huhn, dann ein Stück Zwiebel. Es folgen Huhn und Porree. Und zum Abschluss Huhn und Zwiebel. Die Spieße brate ich in Öl oder Butterschmalz mit etwas Sesamöl in der Pfanne. Oder ich bestreiche die Spieße mit dem Sesamöl und gare sie unter dem Grill. Die fertigen Hühnchenspieße salze und pfeffere ich und serviere sie mit buntem Basmatireis (Rezept Seite 79) und meiner feinen Currysoße.

FÜR 8 SPIESSE Foto Seite 81
800 g Hühnerbrustfilet • 4 Zwiebeln
16 Stücke Porree (etwa 2 Stangen, hellgrün)
Öl oder Butterschmalz (Rezept Seite 156)
etwas Sesamöl • Salz • Pfeffer

CURRYSOSSE

»Sie ist gut fürs Huhn und auch für Fisch«

Ich ziehe die Zwiebel ab und schneide sie sehr fein. Den Apfel schäle ich und schneide ihn auch klein. Ich erhitze dann das Öl in der Pfanne und schwitze die Zwiebel mit dem Apfel darin an und rühre den Curry hinein. Das Ganze ein bisschen dünsten lassen und mit dem Hühnerfond ablöschen. Nun kommen die Petersilie, das Zitronengras und etwas frisch geriebener Muskat hinein. Ich köchele alles gut 20 Minuten bei kleiner Hitze.

● Danach fische ich die Stängel heraus, binde die Soße mit der Mehlbutter und lasse sie nochmals zehn Minuten köcheln. Die Soße püriere ich dann mit dem Stabmixer, gieße die Kokosmilch dazu und passiere sie durch ein Haarsieb. Ich lasse sie nochmals aufkochen und reduziere die Soße eventuell noch ein bisschen. Abschmecken, einen Spritzer Zitronensaft dazu und genießen.

Ich finde, die Currysoße schmeckt auch wunderbar zum Schellfisch im Teigblatt (Rezept Seite 57).

FÜR 4 PERSONEN Foto Seite 81
1 Zwiebel • 1 Apfel (z. B. Granny Smith)
2 EL Olivenöl • 1 EL bester Curry
½ l Hühnerfond (Rezept Seite 35)
2 Stängel Petersilie • 1 Stängel Zitronengras
etwas Muskatnuss • Mehlbutter, aus
1 EL Mehl und 1 EL Butter • 100 ml ungesüßte
Kokosmilch (aus der Dose), ersatzweise
100 g Sahne • 1 Spritzer Zitronensaft

Asiatischer Hühnchenspieß · Seite 80

Perfekte Steaks · Seite 86

» Ich sage immer, man braucht keinen Luxus. Nur Qualität. Zum Beispiel eine noch ofenwarme Scheibe Brot, großzügig gebuttert und mit etwas Salz bestreut – das ist für mich Glück! Weil das so ist, ziehe ich bei weitem solch ein schönes Butterbrot einem mittelmäßigen Filetsteak vor. Wenn das Rindfleisch jedoch wirklich erstklassig ist, appetitlich dunkelrot und schön zart und in frischer Butter perfekt gebraten, dann kann so ein Steak etwas Wunderbares sein. Sehen Sie selbst, wie gut es gelingt!«

FLEISCH

»Die heiße Butter muss unter die Steaks laufen – nur so werden Farbe und Geschmack perfekt«

Rinderfilet auf Rauke · Seite 86

Lammrücken im
Kartoffelmantel · Seite 87

FLEISCH

RINDERFILET AUF RAUKE

»Ein einfaches, kleines und sehr schönes Filetgericht«

Den Raukesalat mache ich mit dem Olivenöl, dem Saft der halben Zitrone und etwas Meersalz an. Die Rinderfiletscheiben von maximal zwei Zentimeter Dicke brate ich in etwa 20 Gramm Butter – wie im Steak-Rezept (rechts) erklärt, aber nur ganz kurz. Dann mahle ich viel schwarzen Pfeffer aus der Mühle darüber. Das Filet richte ich mit dem Salat an. Den Bratensatz in der Pfanne lösche ich mit etwas Wasser ab, rühre schnell die restliche kalte Butter darunter und streue etwas gehackte Petersilie hinein. Zum Schluss gebe ich die Soße über das Filet und noch einige dünne Späne Parmesan drüber. Fertig – und wunderbar!

FÜR 2 PERSONEN Foto Seite 84
50 g Rauke • 2 EL Olivenöl • ½ Zitrone
Meersalz • 2 dünne Filetsteaks à 80 g
40 g Butter • Pfeffer • 3 Stängel glatte Petersilie
30 g Parmesan

KRÄUTERBUTTER

»Eigentlich wollte ich mein Geheimrezept ja der Butterindustrie verkaufen...«

Ich lasse die Butter weich werden. Inzwischen schneide ich die Schalotten in sehr feine Würfelchen und schäle und entkeime die Knoblauchzehen. Sie werden dann blanchiert, ich gebe sie also für ein bis zwei Minuten in kochendes Wasser und schrecke sie mit kaltem Wasser ab. Dann zerdrücke ich die Zehen mit der Knoblauchpresse zu Püree und hacke ich Petersilie fein. Nun rühre ich die weiche Butter schaumig und hebe nach und nach alle Zutaten darunter. Die Kräuterbutter forme ich zu einer Rolle, wickle sie in Alufolie und stelle sie kalt. Fertig und Gold wert!

FÜR 20 SCHEIBEN
350 g Butter • 35 g Schalotten • 2 Knoblauchzehen
4 EL glatte Petersilie • 2 TL Salz • ½ TL frisch
gemahlener Pfeffer • 1 Spritzer Zitronensaft

PERFEKTE STEAKS

»Wenn Ihnen die Butter mal verbrennt, sollten Sie unbedingt neu anfangen – das ist keine Schande!«

Die Steaks nehme ich ungefähr eine viertel Stunde vor dem Zubereiten aus dem Kühlschrank und tupfe sie mit Küchenpapier trocken. Erst kurz vor dem Anbraten gebe ich Meersalz und Pfeffer aus der Mühle darüber. Wichtig: Die Pfanne soll zuverlässig sein (am besten nehmen Sie eine aus Eisen, auf jeden Fall eine mit schwerem Boden) und nicht viel größer als das Fleisch.

● Bei starker Hitze gebe ich dann eine dicke Nuss Butter in die Pfanne. Wenn die Butter verbrennt, bitte neu anfangen, das ist keine Schande! Und es ist auch keine Schande, wenn Sie lieber gleich Butterschmalz oder geklärte Butter nehmen, die heißer werden kann – damit sind Sie immer auf der sicheren Seite.

● Sobald die Butter zu singen aufhört und Farbe annimmt, lege ich die Steaks in die Pfanne und hebe sie sofort noch einmal an. So kann die heiße Butter darunter laufen, und nur so werden Farbe und Geschmack perfekt. Die restliche heiße Butter schöpfe ich mit einem Esslöffel und gebe sie immer wieder über die Steaks, das verhindert, dass die Butter verbrennt. Erst wenn die Unterseite schön angebraten ist, wende ich die Steaks und brate die andere Seite genauso. Attention: Die zweite Seite geht etwas schneller, da das Fleisch jetzt schon wärmer ist! Durch leichten Fingerdruck lässt sich einfach feststellen, wie weit die Garung ist.

Das Rindfleisch muss erstklassig und appetitlich dunkelrot sein (nicht schon braun!), von weißen Fettäderchen durchzogen, zart, fest und elastisch.

FÜR 2 PERSONEN Foto Seite 82
2 Filetsteaks à 180 g • Meersalz • Pfeffer
40 g Butter oder Butterschmalz (Rezept Seite 156)

MEIN LAMMRÜCKEN IM KARTOFFELMANTEL

»Mit diesem Rezept habe ich den Bocuse d'Or errungen«

Das Fleisch befreie ich von Sehnen und Fett. Die Kartoffeln schälen, grob raffeln und in drei Portionen teilen. Ich lasse das Öl in einer großen beschichteten Pfanne heiß werden. Darin backe ich zunächst einen großen Kartoffelpuffer von etwa 26 Zentimeter Durchmesser, aber nur von einer Seite, und lege ihn mit der gebratenen Seite auf ein Küchentuch.

● Ich teile auch das Fleisch in drei Portionen, gebe Salz und Pfeffer aus der Mühle darüber und wende es in Semmelbröseln. Wenn der Lammrücken sehr dünn ist, lege ich zwei Stücke übereinander. Die Petersilie hacke ich fein und streue ein Drittel auf die rohe Seite des Kartoffelpuffers. Ich lege ein Filet darauf und rolle es ein. Dabei nehme ich das Küchentuch zu Hilfe: Das geht einfacher und das Fett wird aufgesogen.

● Den Vorgang wiederhole ich mit den restlichen beiden Kartoffel- und Fleischportionen.

● Den Backofen auf 250 Grad (Umluft 230 Grad, Gas Stufe 6–7) vorheizen und die drei Lammbraten auf den Rost legen (Fettpfanne darunter). Ich backe sie zwölf bis 15 Minuten – das kommt natürlich auf die Dicke an und auf den Geschmack. Wer es richtig blutig liebt, holt die Lammrücken zeitiger aus dem Ofen.

● Inzwischen gebe ich den Fond zusammen mit dem Rosmarinzweig in einen Topf und lasse ihn bei großer Hitze auf die Hälfte einkochen. Den Rosmarin aus der Soße fischen, schnell die eiskalte Butter in Flöckchen unterrühren und mit Salz und Pfeffer aus der Mühle abschmecken. Nun schneide ich die Lammrücken in drei Zentimeter dicke Scheiben, lege pro Person zwei bis drei Scheiben auf einen vorgewärmten Teller und nappiere mit der Soße. Als Dekoration verwende ich karamellisierte Karotten (Rezept Seite 123) und gedünstete Knoblauchzehen.

FÜR 6 PERSONEN Fotos Seite 85 und links
1,2 kg ausgelöster Lammrücken, ohne Fett und Knochen • 1,5 kg fest kochende Kartoffeln
5 EL Erdnussöl • Salz • Pfeffer
100 g Semmelbrösel • 2 Bund glatte Petersilie
½ l Lamm- oder Kalbsfond (Rezept Seite 97)
1 Zweig Rosmarin • 75 g Butter

Rehfilet mit Pfeffersoße · Seite 91

Kaninchen wie in der Provence · Seite 90

» Ich wünsche mir, dass die Qualität wieder stimmt, dass man all die guten Sachen in einen Topf tun, ihn in den Ofen schieben und warten kann, was geschieht. Deshalb ein großes Dankeschön an all die Produzenten, die Lebensmittel konsequent als das erhalten, was sie ursprünglich sind – ein Wunder der Natur«

FLEISCH

KANINCHEN PROVENZALISCH

»Damit hole ich auch bei schlechtem Wetter den Süden ins Haus«

Ich brauche ein zartes Kaninchen, natürlich von bester Qualität. Davon schneide ich zunächst die Vorder- und Hinterläufe ab, zerteile dann die Hinterbeine nochmals. Nun werden die Bauchlappen längs am Bauch abgetrennt, so dass man lange Streifen bekommt und einen Knoten damit machen kann. Zum Schluss wird der Rücken quer in drei Stücke geteilt und dann nochmals am Rückgrat, so dass es sechs Rückenstückchen ergibt. Um diese Arbeiten können Sie natürlich auch Ihren Fleischer bitten, das macht die Sache für Sie leichter.

● Ist die Vorbereitung geschafft, ist der Rest ganz einfach: Die 14 Kaninchenstücke werden etwas gesalzen und gepfeffert und im Schmortopf in heißem Olivenöl angebraten. Das dauert etwa zehn bis 15 Minuten. Ich tue dann die ungeschälten Knoblauchzehen dazu und die fein geschnittene Schalotte. Alles schön anschmurgeln und mit dem Glas Weißwein oder Sekt ablöschen.

● Ich koche es etwas ein, gebe dann die Oliven und den Thymian dazu und lasse das Ganze bei kleiner Hitze und zugedecktem Topf etwa 40 Minuten garen. Wenn das Fleisch schön butterzart ist, kommen die grob gezupften Petersilienblätter dazu und werden noch zwei Minuten mitgeköchelt.

Am liebsten mag ich dazu zerdrückte Kartoffeln: Fünf dicke Kartoffeln mit der Schale weich dünsten, pellen und mit etwa vier Esslöffel warmem Wasser in eine Kasserolle tun. Ich zerdrücke die Kartoffeln einfach mit der Gabel, streue etwas Meersalz darüber und rühre zwei Esslöffel bestes Olivenöl und fünf Esslöffel grob gehackte glatte Petersilie hinein. Absolut lecker!

FÜR 4 PERSONEN Foto Seite 89
1 Kaninchen (etwa 1,3 kg), in 14 Stücke geteilt
Salz • Pfeffer • Olivenöl zum Anbraten
12 Knoblauchzehen • 1 Schalotte
175 ml trockener Weißwein oder Sekt
16 schwarze Oliven • 3–4 Stängel Thymian
1 Bund glatte Petersilie

RINDERROULADEN

»Rotwein und Knoblauch machen's raffiniert. Dazu gibt's Rotkohl«

Ich liebe es, wenn das Fleisch möglichst dünn ist. Deshalb klopfe ich es noch einmal, passe aber auf, dass es nicht zerreißt. Nun bestreiche ich die Innenseiten hauchdünn mit Senf. Die schöne Zwiebel halbiere ich, schneide die Hälften senkrecht in dünne Streifen und verteile sie auf dem Fleisch. Pfeffer aus der Mühle und die Schinkenscheiben kommen obendrauf. Ich rolle das Fleisch auf, beginne dabei am schmalen Ende, und umwickle es gut mit schwarzem Zwirn oder Küchengarn. Zum Schluss salze ich die Rouladen noch ganz leicht.

● In einem Gusseisentopf (oder einer guten Pfanne mit Deckel) lasse ich nun das Olivenöl heiß werden und brate die Rouladen rundum schön braun an. Danach schöpfe ich das überflüssige Fett aus dem Topf und gebe die fein geschnittene Schalotte, eine kleine Nuss Butter und die Knoblauchzehen dazu. Ich lasse die Schalotte und den Knoblauch schön braun werden und lösche erst dann mit dem Rotwein ab. Ein wenig lasse ich es einkochen, tue noch 100 Milliliter Wasser hinein, den Deckel auf den Topf und lasse die Rouladen bei kleiner Hitze ungefähr eine Stunde köcheln.

● Ab und zu schaue ich in den Topf, um die Flüssigkeit zu überwachen, und wenn nötig gieße ich immer wieder etwas Wasser nach, insgesamt etwa einen viertel Liter. Denn die Rouladen sollen schön zart sein, und solange Soße im Topf ist, macht es nichts, wenn sie länger gegart werden. Die letzte viertel Stunde kommen die halbierten Kirschtomaten dazu und schmurgeln mit.

● Wenn die Rouladen gar sind, nehme ich sie aus dem Topf, lege sie auf eine vorgewärmte Platte und entferne die Fäden. Die Soße können Sie so lassen, wenn Sie es rustikal mögen, sonst müssen Sie sie noch durch ein Haarsieb passieren. Ich schmecke sie nur mit Salz und Pfeffer aus der Mühle ab und gebe sie über die Rouladen.

● Zu meinen Rinderrouladen mache ich gern Rotkohl. Dafür putze ich den halben Kopf und schneide ihn auf der Brotmaschine in sehr dünne Streifen. Das Butterschmalz gebe in einen gusseisernen Topf und lasse es schmelzen. Dann tue ich den Rotkohl hinein, salze ihn und rühre alles einmal um. Jetzt kommt sofort der Apfelessig darüber – so bleibt die Farbe appetitlich. Wenn der Essig komplett verdunstet ist, gebe ich 200 Milliliter von dem Rotwein und das Lorbeerblatt dazu. Deckel drauf und bei kleiner Hitze etwa 30 Minuten garen lassen. Ab und zu umrühren, wenn zu wenig Flüssigkeit geblieben ist, den restlichen Rotwein angießen. Inzwischen schäle ich den Apfel, entferne das Kerngehäuse und schneide ihn klein. Er kommt jetzt zum Rotkohl und gart noch einmal 30 Minuten mit. Erst wenn der Rotkohl schön gar ist, verfeinere ich mit einem Esslöffel Rübensaft und schmecke ab.

FÜR 4 PERSONEN Foto Seite 90
4 dünne Rindersteaks à 120 g für Rouladen
2 EL scharfer Senf • 1 mittelgroße Zwiebel
Pfeffer • 8 hauchdünne Scheiben Parmaschinken
Salz • 3 EL Olivenöl • 1 Schalotte
1 EL Butter • 8 Knoblauchzehen • 175 ml Rotwein
8 halbierte Kirschtomaten
Rotkohl: ½ Kopf Rotkohl (etwa 800 g)
2 EL Butterschmalz (Rezept Seite 156)
grobes Meersalz • 3 EL Apfelessig • 300 ml Rotwein
1 Lorbeerblatt • 1 saurer Apfel, z. B. Boskop
(etwa 200 g) • 1 EL heller Rübensaft

REHFILET IN PFEFFERSOSSE

»Ein festlicher Braten, der auch fürs Weihnachtsmenü taugt«

Die beiden Rehrückenfilets wickele ich in Frischhaltefolie und stelle sie kalt. Das Öl erhitze ich in einer Kasserolle oder einem Bräter. Die Knochen, die Sehnen und die Fleischabschnitte hineingeben, schön kräftig anbraten und alles im vorgeheizten Backofen bei 220 Grad (Umluft 200 Grad, Gas Stufe 5) etwa 15 Minuten rösten.

● Inzwischen ziehe ich den Knoblauch und die Schalotten ab und schäle die Möhre. Die Schalotten und die Möhre werden fein gewürfelt, der Thymian wird abgespült und die Blättchen abgezupft. Die Kasserolle aus dem Backofen nehmen, das Fett abgießen und wieder auf die Herdplatte stellen. Den Inhalt mit dem Mehl bestäuben und dann die Butter zufügen, die Möhre, die Schalotten, den Knoblauch und den Thymian bei mittlerer Hitze etwa zehn Minuten anbraten. Den Rotweinessig zugießen und bei großer Hitze verdampfen lassen.

● Nun gebe ich den Rotwein, das Lorbeerblatt, die Wacholderbeeren, die Pfefferkörner und einen Liter Wasser hinein und lasse das Ganze gut zwei Stunden bei kleiner Hitze auf dem Herd kochen. Die verdampfte Flüssigkeit ersetze ich zwischendurch mit heißem Wasser. Ich fische die Knochen heraus, gieße den Fond durch ein Sieb und reduziere ihn im offenen Topf auf etwa die Hälfte. Ich rühre das Johannisbeergelee und eventuell den Gin unter und passiere die Soße noch einmal durch ein Haarsieb. Mit Salz und Pfeffer abschmecken, zur Seite stellen.

● Die beiden Rehrückenfilets teile ich jeweils in zwei Stücke, gebe Salz und Pfeffer aus der Mühle darüber und brate sie von beiden Seiten drei bis vier Minuten im heißen Butterschmalz an. Super ist es, sie mit etwas Cognac zu flambieren (Tipp Seite 156).

● Die Filets aus dem Bratfett nehmen, mit Alufolie abdecken und fünf bis zehn Minuten in den auf 180 Grad (Umluft 160, Gas Stufe 3) vorgeheizten Backofen stellen. Bevor ich die Filetstücke in Scheiben schneide und mit der heißen Soße auf vorgewärmten Tellern serviere, bestreue ich sie noch mit grobem Pfeffer.

FÜR 4–6 PERSONEN Foto Seite 88
1 ausgebeinter Rehrücken mit Knochen, Sehnen und Abschnitten für die Soße (etwa 1,5 kg)
2 EL Olivenöl • 3 Knoblauchzehen • 3 Schalotten
1 große Möhre • 3–4 Stängel Thymian
2–3 EL Mehl • 30 g Butter • 100 ml Rotweinessig
0,7 l kräftiger Rotwein (z. B. Barolo)
1 großes Lorbeerblatt • 1 EL Wacholderbeeren
1½ EL Pfefferkörner • 2–3 EL schwarzes
Johannisbeergelee • evtl. 1 Spritzer Gin
Salz • Pfeffer • 30 g Butterschmalz (Rezept Seite 156) • evtl. 1–2 EL Cognac zum Flambieren
grober Pfeffer

FLEISCH

GEROLLTER FERKELBAUCH MIT KARTOFFEL-KOHL-PÜREE

»Das ist echte Hausmannskost aus meiner Heimat Luxemburg«

Ich spüle das Fleisch kalt ab, tupfe es trocken, salze und pfeffere es auf der Innenseite. Den Bauch rolle ich auf und binde ihn alle drei Zentimeter mit je einem Faden fest. Nun die Außenseite salzen.
● Den Bräter mit dem Butterschmalz bestreichen und das Fleisch, die ganzen geschälten Schalotten und die ungeschälten Knoblauchzehen hineingeben. Ich schiebe den Bräter für etwa zwei Stunden in den auf 200 Grad (Umluft 180 Grad, Gas Stufe 4) vorgeheizten Backofen. Das Fleisch mit etwas Gemüsebrühe begießen, damit es nicht zu dunkel wird. Für 20 Minuten die geviertelten Tomaten mitschmoren.
● Die Kartoffeln schälen, abspülen und in kleine Würfel schneiden. Aus dem Wirsing schneide ich den Strunk heraus, spüle den Kohl ab und schneide ihn in Stücke. Kartoffeln in einen Topf tun, den Kohl obendrauf legen, etwas Meersalz dazu und mit einem halben Liter Wasser aufkochen. Topfdeckel drauf und etwa 30 Minuten bei kleiner Hitze köcheln lassen. Dann gieße ich die Hälfte vom Gemüsewasser ab, zerdrücke die Kartoffeln und den Kohl mit einem Kartoffelstampfer und rühre die Butter unter das Kartoffel-Kohl-Püree.
● Ich nehme nun das gare Fleisch heraus, lege es auf eine vorgewärmte Platte und lasse es im warmen Backofen noch etwas ruhen. Den Bratensatz begieße ich mit einem Glas Wasser, damit er sich löst, und gieße den Bratensaft nun in eine Kasserolle. Aufkochen und mit Salz und Pfeffer abschmecken. Zum Schluss rühre ich schnell die eiskalte Butter in Stückchen unter und stelle die Soße warm. Ich schneide das Fleisch in Scheiben und richte es mit den Schalotten, den Tomaten, der Soße und dem Püree an.

FÜR 6 PERSONEN
1 Schweinebauch mit Schwarte und Bauchlappen
(etwa 1,5 kg ohne Knochen) • Salz • Pfeffer
30 g Butterschmalz • 8 Schalotten
4 Knoblauchzehen • ⅛ l Gemüsebrühe
2 Tomaten • 30 g Butter
Püree: 800 g mehlig kochende Kartoffeln
½ Wirsingkohl (etwa 500 g)
Meersalz • 30 g Butter

LAMMTOPF AUS FRISANGE

»Mal wollten Gäste ›Irish Stew‹ essen. Wir haben's einfach erfunden – und hatten eine neue Spezialität!«

Und so einfach geht der Spezial-Lammtopf aus Frisange: Das Fleisch in Würfel von etwa sechs Zentimeter Breite schneiden. Ich schäle die Kartoffeln und schneide auch sie in Würfel, nur feiner. Dann schäle ich die Zwiebeln, halbiere sie und schneide sie in feine Halbringe.
● Ein Eisentopf mit passendem Deckel wird zuerst ein bisschen gebuttert, dann kommt eine Schicht Fleischwürfel hinein. Salz und Pfeffer aus der Mühle darüber geben und etwas Kreuzkümmel. Dann folgen die Zwiebelringe, sie werden auch etwas gesalzen und gepfeffert, und dann folgt eine Schicht Kartoffelwürfel. Nun kommen wieder Fleischstückchen dran, und die Prozedur wird so schichtweise wiederholt, bis alles im Topf ist. Ich gebe den Thymian und das Lorbeerblatt dazu und gieße knapp einen halben Liter heißes Wasser an.
● Mit fest geschlossenem Deckel schiebe ich den Lammtopf für etwa zwei Stunden in den 200 Grad heißen Ofen (Umluft 180 Grad, Gas Stufe 4). Nach der Garzeit hole ich den Topf aus dem Ofen, aber bevor ich den Deckel hebe, lasse ich das Fleisch nochmals zehn Minuten ziehen, so intensiviert sich der Geschmack. Bon appétit!

Für solche Eintöpfe nehme ich fest kochende Kartoffeln, die zerfallen nicht ganz und machen das Sößchen trotzdem sehr schön sämig.

FÜR 4–6 PERSONEN
1 kg Lammschulter (ohne Knochen)
1 kg fest kochende Kartoffeln • 300 g Zwiebeln
2 EL Butter • Salz • Pfeffer • Kreuzkümmel
½ Bund Thymian • 1 Lorbeerblatt

»Manche Pfannen und Kasserollen, die sind schon 20 Jahre im Dienst«

»Ich liebe leichte Soßen, die unterstreichen, was sie begleiten. Die ideale Basis dafür ist dieser Kalbsfond«

Kalbsfond und -ragout
Seite 97

Schweinefilet mit Pfifferlingen und Salbei · Seite 97

SCHWEINEFILET MIT PFIFFERLINGEN UND SALBEI

»Einfach, schnell und aromatisch«

Ich brate das Fleisch im heißen Butterschmalz rundherum an und lasse es etwa zehn Minuten bei mittlerer Hitze weiter braten. Dann erst würze ich mit Salz und Pfeffer aus der Mühle. Ich gebe die geschälten Knoblauchzehen und die Salbeiblätter hinein, brate das Fleisch weitere drei Minuten und wickele dann alles zum Warmhalten in Alufolie.

● Inzwischen putze ich die Pfifferlinge und brate sie in der Butter unter ständigem Wenden drei bis fünf Minuten lang. Ich würze mit ein bisschen Salz und Pfeffer aus der Mühle. Zum Schluss schneide ich das Fleisch auf und serviere es zusammen mit dem Fleischsaft, den Knoblauchzehen, den Salbeiblättern und den Pfifferlingen.

Am besten schmeckt mir dazu ein cremiger Risotto (Rezept Seite 107). Zum Schluss hebe ich einfach ein halbes Bund gehackte glatte Petersilie darunter und hobele etwas Parmesan darüber.

FÜR 6 PERSONEN Foto Seite 96
1,2 kg Schweinefilet • 2 EL Butterschmalz
(Rezept Seite 156) • Salz • Pfeffer
8 Knoblauchzehen • 10 Salbeiblätter
400 g Pfifferlinge • 2 EL Butter

FEINES KALBSRAGOUT UND KALBSFOND

»Der Fond passt wunderbar zu allen Fleischgerichten und sogar zu Geflügel«

Ich nehme am liebsten mageres Kalbfleisch aus der Hüfte, ohne Knochen und Sehnen, und schneide es in sechs Zentimeter lange Stückchen. Dazu schäle ich eine dicke Möhre, schneide sie in Scheiben oder Stäbchen. Ich schneide eine dicke Zwiebel fein. Die Tomaten werden enthäutet, entkernt und geviertelt. Fürs Bouquet garni werden die Selleriestange, ein Stückchen Petersilienwurzel, das Bund Thymian und das Lorbeerblatt in die Porreeblätter eingewickelt.

● Nun lasse ich die geklärte Butter im großen Topf sehr heiß werden, brate das Fleisch stramm an, gebe etwas Meersalz und etwas Pfeffer aus der Mühle darüber. Die Tomaten, die Möhre und die Zwiebel hinein und mit anbraten. Das Ganze lösche ich mit dem Marsala oder dem Weißwein ab, koche es ein und gebe einen Liter Wasser, das Bouquet garni und die ungeschälten Knoblauchzehen dazu. Wenn alles schön kocht, einen weiteren Liter Wasser angießen, wieder aufkochen und das Fleisch etwa zwei Stunden leise köcheln.

● Wenn das Fleisch richtig schön weich und zart ist, hebe ich die Fleischstückchen fürs Ragout vorsichtig in einen anderen Topf, fische das Bouquet garni heraus und gebe nun ordentlich Salz und Pfeffer aus der Mühle darüber. Dann gieße ich die Sahne dazu und tue zwei Esslöffel Tomatenconfit hinein und eine Handvoll Basilikumblätter, fein geschnitten. Dazu passen Möhren und Nudeln. Gibt man noch ein bisschen Curry dazu, ist Basmatireis der richtige Begleiter. Fürs Ragout gibt es eben viele Möglichkeiten, ganz nach Belieben und Fantasie.

● Die Originalsoße wird zum Fond und muss noch einmal mit einem viertel Liter Wasser verdünnt und ein paar Minuten aufgekocht werden. Dabei schöpfe ich den Schaum ab. Dann passiere ich es durch ein Haarsieb und stelle den Fond zwölf Stunden kalt. Jetzt kann ich das Fett ganz leicht abheben. Den Fond koche ich nochmals auf und reduziere ihn nach Bedarf: Je länger er einkocht, desto intensiver wird der Geschmack. Auch beim Reduzieren muss der Schaum abgeschöpft werden, aber dieses Mal mit nasser Schaumkelle, also immer wieder abspülen, damit sie zum Schöpfen sauber bleibt. Nun brauchen Sie nur noch zu kochen – die beste Soße haben Sie schon im Vorrat (Tipp Seite 156).

FÜR 600 ML FOND Fotos Seite 94/95
1,8 kg mageres Kalbfleisch • 1 große Möhre
1 große Zwiebel • 2 Fleischtomaten
1 Selleriestange • 1 Petersilienwurzel
1 Bund Thymian • 1 Lorbeerblatt • 2 Blatt Porree
25 g geklärte Butter oder Butterschmalz (Rezept Seite 156) • Meersalz • Pfeffer • 200 ml Marsala oder Weißwein 2 Knoblauchzehen

Kalbsragout: Salz • Pfeffer • 200 g Sahne
2 EL Tomatenconfit (Rezept Seite 116)
½ Bund Basilikum

» Es gibt Fast-Food, es gibt Slow-Food und es gibt Trost-Food. Das sind die Lieblingsgerichte, mit denen man sich schlagartig in die Kindheit zurückversetzen kann: Kartoffelmus, Milchreis, Nudeln, Schokoladenpudding... Aber für mich sind das allein meine Mehlknödel, auf luxemburgisch ›Kniddelen‹ genannt. Die haben mich als Kind oft gerettet, ich konnte mich dann gar nicht mehr daran erinnern, was mich eigentlich traurig gemacht hatte. Und meinem Sohn Louis geht es zum Glück auch so«

Genialer Nudelteig · Seite 103

SOULFOOD

Köstliches
Kartoffelgratin
Seite 102

Tagliatelle mit Tomaten, Oliven und Basilikum · Seite 103

SOULFOOD

KNUSPRIGE BRATKARTOFFELN

»Erst in der Pfanne umrühren, wenn die Kartoffeln schon gebraten sind, sonst werden sie fett statt knusprig!«

Ich schäle die Kartoffeln und schneide sie anschließend in grobe Würfel, kleinere Kartoffeln halbiere ich nur. Danach werden sie in kaltem, leicht gesalzenem Wasser aufgesetzt. Ich nehme immer einen richtig großen Topf dafür: Man darf nicht zu viele Kartoffeln zusammen kochen, weil sie sonst leichter zerfallen. Also, die Kartoffelwürfel werden zum Kochen gebracht und dann bei kleiner Hitze in etwa 15 Minuten nicht zu weich gekocht. Danach werden sie abgegossen und dünsten aus.

● Nun erhitze ich das Erdnussöl in einer großen Pfanne aus Gusseisen (oder einer beschichteten Pfanne für kleine Mengen), tue die Kartoffeln hinein und brate sie goldbraun. Anschließend lege ich die Bratkartoffeln aufs gefettete Backblech, gebe die Lorbeerblätter dazu und schiebe sie noch für zehn Minuten bei 200 bis 220 Grad in den Ofen (Umluft 180–200 Grad, Gas Stufe 5–6), wo sie eine sehr angenehme Kruste bekommen. Wer mag, kann zum Schluss noch etwas Meersalz aus der Mühle darüber geben.

FÜR 4 PERSONEN
1 kg Kartoffeln • Salz • 2–3 EL Erdnussöl
Butter zum Einfetten • 2 Lorbeerblätter

KARTOFFELGRATIN

»Da hat jeder so sein Rezept, aber für mich gibt es nur eines, und zwar absolut ohne Käse und Eier«

Fürs Gratin reibe ich eine Auflaufform mit einer Knoblauchzehe aus, dann erst mit etwas Butter. Die Kartoffeln müssen frisch geschält und sauber gewaschen werden. Attention: Nachdem sie gehobelt sind, dürfen sie nicht mehr ins Wasser, weil das Kartoffelmehl sonst verloren geht – und dann ist das schöne Gratin futsch! Also, die Kartoffeln schneide ich auf einem Kartoffelhobel in sehr dünne Scheiben von maximal 1,5 Millimeter und fülle sie sofort schichtweise in die Form, schön regelmäßig und nicht zu voll.

● Die Milch und die Sahne verquirlen, einen Hauch Muskat fein hineinreiben, etwas Salz aus der Mühle dazugeben. Dieses Gemisch gieße ich über die gehobelten Kartoffelscheiben, die Auflaufform soll zu zwei Drittel gefüllt sein. Dann gebe ich ein paar Butterflocken obendrauf und schiebe die Form für 70 Minuten bei 170 Grad (Umluft 150 Grad, Gas Stufe 2–3) in den Ofen. So wird das Gratin oben nicht zu schnell braun, und innen wird es zart. Zur Lammkeule oder einem Kalbsbraten mag ich dieses cremige Gratin gern als einzige Beilage. Mit etwas herzhaftem Salat ist es immer perfekt. Ich liebe dieses wunderbare Rezept, denn das Gratin lässt sich sogar nochmals erhitzen, wenn was übrig bleibt.

Je nachdem, welche Form Sie verwenden, ist das Gratin manchmal noch ein bisschen flüssig, den Geschmack beeinträchtigt das aber nicht. In einer großen Gratinform wird alles schneller gar.

FÜR 4 PERSONEN Foto Seite 100
1 Knoblauchzehe • etwas Butter zum Ausfetten der Form • 1 kg fest kochende Kartoffeln
250 ml Milch • 250 g Sahne • etwas Muskatnuss
Salz • 40 g Butter

DER GENIALE NUDELTEIG

»Es gibt keine geheimen Zutaten, nur ein Geheimnis: Der Teig muss über Nacht im Kühlschrank ziehen«

Es ist wirklich kaum zu glauben: Um diesen fantastischen italienischen Nudelteig zu machen, brauche ich nur zwei Dinge: guten italienischen Hartweizengrieß und Eier. Ich vermische also die beiden Zutaten, knete die Masse und forme sie zu einem Klumpen, so gut es geht. Leichter geht's mit der Küchenmaschine. Wichtig ist: Der Teig darf nicht zu feucht sein. Er krümelt deshalb so sehr, dass man sich kaum vorstellen kann, daraus jemals eine Nudel zu machen. Nun kommt der Trick: Den Teigklumpen stecke ich in eine Plastiktüte und lege ihn – am besten über Nacht, auf jeden Fall aber für mehrere Stunden – zum Durchziehen in den Kühlschrank. Das macht den Teig elastisch und weich!

● Den Teig teile ich in mehrere Portionen, rolle ihn erst mal auf einer bemehlten Arbeitsfläche ein bisschen mit dem Nudelholz in Form und kurbele und walze ihn dann auf der Nudelmaschine dünner und dünner. Ich mache daraus Spaghetti oder Fettuccine, Tagliatelle oder Ravioli, je nachdem, was ich kochen will. Auf jeden Fall werden die fertigen Nudeln anschließend ganz fein mit Mehl bestäubt, damit sie nicht zusammenkleben. Gekocht werden die frischen Nudeln in reichlich Salzwasser je nach Dicke nur etwa zwei bis vier Minuten.

Sie können den Nudelteig oder auch die fertigen Nudeln problemlos einfrieren.

FÜR 6 PERSONEN Fotos Seite 98/99
500 g Hartweizengrieß • 4 Eier à 65 g
evtl. 1 TL Salz • etwas Mehl zum Verarbeiten

TAGLIATELLE MIT TOMATEN, OLIVEN UND BASILIKUM

»Wer seine Gäste liebt, enthäutet die Tomaten. Wenn sie einen sowieso mögen, kann die Haut auch dranbleiben...«

Den Nudelteig zubereiten und zu Tagliatelle verarbeiten. Die Bandnudeln werden höchstens drei bis vier Minuten al dente gekocht, aber erst wenn die Kirschtomaten und Oliven schon zubereitet sind.

● Ich wasche das Basilikum vorsichtig, trockne es und zupfe die kleinen Blättchen ab. Dann putze ich die Knoblauchzehen, entferne die Keime und hacke sie. Öl erhitzen, den Knoblauch und die Pimentkörner dazugeben und beides im Öl abkühlen lassen.

● Die schönen kleinen Kirschtomaten werden halbiert. Auch die kleinen festen Nizza-Oliven halbieren und die Kerne entfernen oder das Olivenfleisch rund um den Kern abschneiden.

● Die halbierten Tomaten lege ich mit der Schnittfläche nach oben auf ein Backblech oder in eine feuerfeste Form, gebe ganz wenig Meersalz und etwas von dem Knoblauchöl darüber und erhitze sie etwa zehn Minuten bei 180 Grad (Umluft 160 Grad, Gas Stufe 3). Wer möchte, kann noch schnell die Haut abziehen... Dann die Oliven auf einen feuerfesten Teller tun, etwas Salz und Knoblauchöl darüber und etwa drei Minuten erhitzen.

● Nun vermische ich die gekochten Nudeln mit vielen kleinen Basilikumblättchen und vier Esslöffel von dem scharfen Knoblauchöl. Die Nudeln fülle ich portionsweise auf vorgewärmte tiefe Teller, lege die Tomaten und die Oliven dazu, hobele ein bisschen Parmesan darüber und dekoriere mit einem schönen Blatt Basilikum. Voilà!

Das scharfe Knoblauchöl können Sie auch auf Vorrat anmachen, dann ist es zum Kochen immer parat. In einem geschlossenen Schraubglas hält es sich etwa eine Woche im Kühlschrank.

FÜR 4 PERSONEN Foto Seite 101
500 g frischer Nudelteig (Rezept links)
1 großes Bund Basilikum • 6–8 Knoblauchzehen
75 ml Olivenöl • 4–5 Pimentkörner
24 Kirschtomaten • 32 schwarze Nizza-Oliven
Meersalz • Parmesan zum Bestreuen

Penne mit scharfer Soße
Seite 107

Cremiger Risotto
Seite 107

» Sehr lange habe ich mich nicht getraut, Risotto zu machen, weil mich vielleicht eine echte Mamma zurückpfeifen würde. Schließlich bin ich mit der französischen Küche groß geworden und nicht mit der italienischen. Dann bin ich bei einem Italiener in die Risotto-Lehre gegangen – voilà, hier ist mein Rezept!«

PENNE MIT SCHARFER SOSSE

»Die Pasta schmeckt super, weil sie in der Tomatensoße gegart wird«

Zuerst schäle ich die Zwiebel und schneide sie sehr fein. Dann schäle ich die Knoblauchzehen, entkeime sie und schneide auch sie sehr fein. Im Olivenöl dünste ich die Zwiebel und tue erst zum Schluss den Knoblauch dazu. Ich lösche mit den Tomaten ab und lasse alles kurz aufkochen.

● Nun kommen die Penne dazu, ein Liter Wasser und der kräftige Hühnerfond. Ich rühre alles gut um, damit die Nudeln nicht aneinander kleben. Ich würze mit dem Meersalz, dem zerstoßenen Piment, dem Cayennepfeffer, der die Schärfe gibt, und Paprikapulver. In diesem Sud lasse ich die Penne ungefähr 15 Minuten garen. Sollten sie zu trocken werden, gieße ich noch etwas Wasser nach. Sobald sie schön al dente sind, lege ich sie auf eine vorgewärmte Platte und bestreue sie mit frisch geriebenem Parmesan.

Ich liebe die Penne mit feinen Scheiben von Chorizo, der scharfen spanischen Salami. Sie werden etwa fünf Minuten mitgekocht.

FÜR 6 PERSONEN Foto Seite 104
1 Zwiebel • 2–3 Knoblauchzehen • 40 ml Olivenöl
1 Glas oder 1 Dose italienische Tomaten
(ca. 670 g) • 500 g italienische Penne
½ l Hühnerfond (Rezept Seite 35) • 1 TL Meersalz
4 Pimentkörner • Cayennepfeffer
nach Geschmack • etwas Paprikapulver
Parmesan zum Bestreuen • evtl. 300 g Chorizo

CREMIGER RISOTTO

»Ich garantiere Ihnen: Am besten wird's mit selbst gekochtem Hühnerfond«

Zunächst wasche ich den Risotto-Reis einmal gut ab, lasse ihn abtropfen und trocknen. Die Zwiebel ziehe ich ab und hacke sie fein. Das Olivenöl und 20 Gramm von der Butter werden in einem Topf erhitzt und die Zwiebel darin glasig gedünstet. Ich gebe den Reis dazu, salze mit Meersalz aus der Mühle und dünste den Reis unter ständigem Umrühren glasig, das dauert etwa zwei Minuten.

● Ich lösche mit dem Sekt ab und lasse ihn ganz einkochen. Nach und nach gebe ich den heißen Hühnerfond dazu und rühre immer wieder intensiv um. Wer mag, kann jetzt schon einen oder zwei Esslöffel fein geriebenen Parmesan ins Risotto streuen. Den Risotto zugedeckt bei kleiner Hitze mindestens 18 Minuten kochen lassen. Der Reis soll noch etwas Biss haben, also probiere ich ihn zwischendurch. Zum Schluss rühre ich die restliche Butter und den frisch geriebenen Parmesan darunter, schlage die Sahne und hebe auch sie unter den Reis. Den wunderbar cremigen Risotto mit Pfeffer abschmecken und sofort auf vorgewärmten Tellern servieren!

FÜR 4 PERSONEN Foto Seite 105
250 g Risotto-Reis (z. B. Carnaroli, Vialone oder Arborio) • 1 kleine Zwiebel • 2 EL Olivenöl
50 g Butter • Salz • 200 ml Sekt oder Prosecco
600 ml Hühnerfond (Rezept Seite 35)
50 g Parmesan • 50 g Sahne • Pfeffer

VARIANTE: RISOTTO VERDE

Dafür brauchen Sie einen frischen Kopfsalat und brechen das Herz heraus, der Stiel soll den Salat aber noch zusammenhalten. Aus den Salatherzen können Sie eine kleine Vorspeise machen (Rezept Seite 51). In einem großen Topf mit Salzwasser (12 Gramm Salz auf einen Liter) etwa fünf bis sechs Minuten garen. Ich fische den Salat mit einem Gitterschöpflöffel heraus, lasse ihn kurz abtropfen und tauche ihn sofort ins eiskalte Wasser, so bleibt er schön grün. Sobald der Salat ganz kalt ist, schneide ich den Stiel heraus und püriere den Rest ganz fein mit dem Stabmixer. Das Püree in einem Haarsieb einige Stunden (oder über Nacht) abtropfen lassen, dann ist es gebrauchsfertig. Zwei Esslöffel davon geben dem fertigen, heißen Risotto einen wirklich fantastischen Geschmack.

Dekorative Parmesanhippen zum Risotto:
100 Gramm fein geriebener Parmesan wird mit einem Esslöffel Mehl vermischt und in einer beschichteten Pfanne zu einem dünnen Küchlein (sechs bis acht Zentimeter Durchmesser) bei mittlerer Hitze geschmolzen. Erst wenn es goldbraun ist, herausnehmen und über eine Flasche oder Teigrolle in Form rollen. Voilà!

SOULFOOD

SAHNIGER MILCHREIS

»Den Reis am besten schon am Tag vorher kochen und kalt stellen«

Ich wasche den Reis und koche ihn in einem großen Topf. Dafür gebe ich einfach die Milch, die Sahne, den Zucker und eine Prise Salz zum Reis. Zum Schluss schneide ich die Vanilleschote mit einem spitzen Messer auf, kratze das Mark heraus und gebe es zur Milch-Reis-Mischung. Das Ganze bringe ich jetzt zum Kochen und lasse es ungefähr 30 bis 40 Minuten bei kleiner Hitze leise köcheln. Fertig und kalt stellen!
● Am nächsten Tag, eine halbe Stunde vor dem Servieren, schlage ich die Sahne und ziehe sie unter den Milchreis. Sehr gern mag ich auch Mandelblättchen dazu, auf jeden Fall aber Früchte, im Sommer Erdbeeren, im Herbst Aprikosen, im Winter Mangoscheibchen. Leckerli!

FÜR 4–6 PERSONEN
250 g Milchreis • 1 l Milch • 250 g Sahne
110 g Zucker • 1 Prise Salz • 1 Vanillestange
Zum Servieren: 250 g Sahne
evtl. 75 g Mandelblättchen • 300 g Früchte
(wie Erdbeeren, Aprikosen, Mango)

LOCKERES KARTOFFELPÜREE

»Püree muss die richtige Konsistenz haben. Aber was ist dabei richtig? Jeder liebt es anders...«

Ich nehme unbedingt eine mehlig kochende Kartoffelsorte. Ich schäle die Kartoffeln und koche sie im Ganzen in Salzwasser, gerade so viel, dass es die Kartoffeln ein paar Zentimeter überflutet. Auf einen Liter Wasser gebe ich dafür einen Teelöffel Salz, das ist das beste Verhältnis. Ich lasse die Kartoffeln nun langsam und ohne Deckel schön gar kochen. Ein Messer soll die Kartoffeln leicht durchdringen können, dann sind sie gut.
● Jetzt die Kartoffeln abgießen und sofort durch die Presse drücken oder durch eine Gemüsemühle (flotte Lotte) drehen. Alles wieder in die Kasserolle tun und auf dem Herd ein bisschen ausdünsten lassen.

Inzwischen die Milch erhitzen. Dann schlage ich die kalte Butter mit einem Holzlöffel in kleinen Flöckchen unter den Kartoffelbrei und rühre nach und nach die heiße Milch hinein, bis die Konsistenz stimmt und die Köchin zufrieden ist. Ich schmecke nochmals mit Salz ab und serviere das Püree sofort. Wenn's einmal ganz fein sein soll, streiche ich es durchs Haarsieb zurück in den Topf.

FÜR 4–6 PERSONEN
1 kg mehlig kochende Kartoffeln • Salz
250–300 ml Milch • 100–120 g Butter

MEINE MEHLKNÖDEL

»Mehlklöße mit kalter Butter und etwas Maggi – und schon kann man sich nicht mehr erinnern, was einen eigentlich so traurig gemacht hatte...«

Hier ist das Rezept für die klassischen Mehlknödel, die für mich die allerbesten Trostspender sind: Das Mehl wird mit den Eiern, der Milch, etwas Salz und der zerlassenen Butter zu einem halb festen Teig verrührt. Ich steche dann die Klöße mit einem Esslöffel aus und koche sie kurz in reichlich Salzwasser, nur so lange, bis sie oben schwimmen. Danach lasse ich sie noch zwei bis drei Minuten im Topf ziehen. Fertig!
● Um den Teig luftiger zu bekommen, weiche ich gern zusätzlich das Weißbrot (ohne Rinde) in der Milch ein, drücke es aus und arbeite es darunter, gebe auch noch die saure Sahne dazu.
● Nimmt man einen Teelöffel zum Ausstechen, werden die Klößchen ganz appetitlich und sind auch als Beilage zu Kalbs- oder Rinderbraten wunderbar.

Wenn Knödel übrig bleiben, lassen sie sich am nächsten Tag gut in Butter aufbraten.

FÜR 4–6 PERSONEN
500 g Mehl • 6 Eier • 200 ml Milch • Salz
20 g Butter • evtl. 2 Scheiben Weißbrot
100 ml Milch • 1 El saure Sahne

» Die Mutter hatte mir nie gesagt, wie viel von jeder Zutat sie für die Mehlknödel nimmt. So fing ich an zu rühren: Mehl, Eier, Salz, Milch. Bald war der Teig zu steif, mehr Milch hinein. Prompt war er zu flüssig… Der Knödelberg wuchs und mein Bruder neckte mich ›Kniddelkett‹, also Knödel-Gretl. Aber das war mir egal!«

Hausgemachte Pommes mit Mayonnaise · Seite 111

ORIGINAL POMMES

»Da kaum noch einer weiß, wie Pommes selbst gemacht werden, verrate ich Ihnen hier mein Rezept«

Also: Man nehme eine Kartoffel, wasche und schneide sie... Und da scheiden sich schon die Geister! Die einen wollen ganz feine, dünne, lange Fritten. Die anderen mögen sie gern knuffig, Idealmaße etwa einen Zentimeter dick und acht Zentimeter lang. Ich persönlich mag die dicken, holzscheitmäßigen lieber, aber das ist, wie so vieles, Geschmackssache. Und dann braucht man natürlich auch die richtige Kartoffelsorte: Am besten eignen sich bei uns Sieglinde, Linda oder Bintje zur Pommes-Produktion.

● Gut. Man schält sie, man wäscht sie, man schneidet sie. Dann wasche ich die Kartoffeln nochmals, denn die Stärke setzt sich gleich an der Schnittfläche ab, dann kleben die Pommes zusammen. Ich trockne die Kartoffelstäbchen auf einem Küchentuch gut ab.

● Jetzt erhitze ich das Öl (ich nehme am liebsten Erdnussöl) auf 160 Grad. Dass die Temperatur richtig ist, merkt man, wenn an einem eingetauchten Holzlöffel kleine Blasen aufsteigen. Pommes rein, bis sie gar sind (etwa 10 Minuten) und abtropfen lassen. Direkt vor dem Essen tue ich sie noch mal ins heiße Öl, jetzt aber bei 180 bis 190 Grad, dann werden sie schön goldbraun. Damit sie auch richtig knusprig werden, gebe ich sie immer nur portionsweise in das Frittierkörbchen und fülle es immer nur halb, sonst kühlt das Fett zu sehr ab – die Fritten saugen sich dann voll und werden pappig! Ich lasse sie kurz abtropfen und serviere sie mit Meersalz bestreut.

Die Pommes frites können Sie pur oder mit Mayonnaise essen (Rezept rechts). Sie passen auch perfekt zu Gegrilltem oder zu Hähnchen. Dazu ein frischer Salat – wunderbar!

FÜR 4 PERSONEN Foto Seite 110
6 große Kartoffeln • 1 l Erdnussöl • Meersalz

MAYONNAISE VOM FEINSTEN

»Entscheidend ist, dass alle Zutaten Zimmertemperatur haben – sonst gelingt die Mayonnaise nicht«

Viele haben einen Horror davor, Mayonnaise selbst zu machen. Probieren Sie's mal – es ist durchaus zu schaffen. Ich verrühre also die ganz frischen Eigelb, den Senf und ein paar Spritzer Zitronensaft in einer Glasschüssel. Dann gieße ich langsam das Öl dazu und schlage es kräftig mit dem Schneebesen unter. Ich mache es am liebsten von Hand, es geht aber auch gut mit dem Handrührer. Es ist wirklich wichtig, dass alle Zutaten Zimmertemperatur haben und dass das Öl in einem ganz dünnen Faden dazuläuft – nur so entsteht eine schöne, feste Mayonnaise. Ich würze mit etwas Salz und weißem Pfeffer aus der Mühle.

● Wenn Säure fehlt, noch etwas Zitronensaft dazugeben, dann wird die Mayonnaise aber heller und bleibt nicht so fest. Also vorsichtig dosieren! Auch ein Hauch Cayennepfeffer steht der Mayonnaise gut – aber wirklich nur ein Hauch würzen, damit die Mayonnaise schön hell bleibt! Ich gebe zu: Das Einfache ist manchmal ein bisschen kompliziert. Aber die Mühe lohnt sich – auch in diesem Fall.

Wenn man das Öl zu schnell hineingießt, kann die Mayonnaise gerinnen. Das ist kein Grund zu verzweifeln! Ich starte dann rasch eine kleine Rettungsaktion: Ich schlage noch einmal ein Eigelb und etwas Senf auf und lasse die geronnene Mayonnaise dazufließen wie Öl. Voilà!

FÜR 300 GRAMM Foto Seite 110
2 Eigelb • 1 TL Senf • ½ Zitrone • 250 ml Erdnuss- oder Sonnenblumenöl • Salz • weißer Pfeffer evtl. Cayennepfeffer

VARIATION: SAUCE RÉMOULADE

Dafür brauche ich etwa vier Esslöffel von der Mayonnaise. Ich vermische sie mit zwei kleinen süßsauren Gurken (fein geschnitten), einem hart gekochten Ei (mit der Gabel zerdrückt), zwei Teelöffel kleinen Kapern (mit etwas Saft), einem Esslöffel gehackter Petersilie und zwei Esslöffel geschlagener Sahne. Fertig – und wirklich sehr viel besser als aus dem Glas!

» Spargelzeit ist die einzige Zeit im Jahr, in der ich freiwillig unterschreiben würde, Vegetarierin zu werden – so sehr lieb ich ihn. Aber ich esse ihn erst ab Ende April, wenn er am besten ist.

Ich gebe zu, mich hier und da schon früher verführen zu lassen, den einen oder anderen zu kosten. Ja, und manchmal nehme ich das mit der Vegetarierin auch nicht ganz so genau: Ich mag nämlich sehr gern Spargel, Hollandaise und dazu ein bisschen fein geschnittenen rohen Schinken. Ein Genuss!«

»Voilà! Ich liebe die Spezialitäten aus meiner Heimat«

Porettenzapp aus Luxemburg · Seite 116

Gefüllte Tomaten
Seite 116

GEMÜSE

PORETTENZAPP
»Echter Luxemburger Porree!«

Für den Porettenzapp werden 1½ Stangen Lauch pro Person gut gewaschen, sollten aber nicht auseinander brechen. Den Porree schneide ich in Stücke von 15 Zentimeter Länge und gare ihn etwa 15 Minuten auf Dampf. Aus den restlichen Zutaten bereite ich die Vinaigrette zu und serviere den Porree schön warm damit. Zum Schluss wird noch das hart gekochte Ei fein gehackt und über den Porree gekrümelt. Der Porettenzapp schmeckt als Vorspeise (dann reicht die Menge für vier) oder als Hauptgericht mit Pellkartoffeln.

FÜR 2 PERSONEN Foto Seite 114
3 Porreestangen (etwa 1 kg)
Vinaigrette: 3 EL Weißweinessig • 6 EL Öl
Pfeffer • Salz • 1 Prise Zucker • ½ TL Senf
je ½ TL fein geschnittener Estragon und
Schnittlauch • ½ Schalotte • 1 hart gekochtes Ei

TOMATENCONFIT
»Ideal für Crostini und mehr«

Fürs Confit nehme ich schöne reife, aber feste Fleischtomaten. Die Tomaten werden gewaschen, geviertelt und entkernt. Ich fette dann ein Backblech mit Olivenöl und lege die Tomatenviertel einzeln, mit der Haut nach oben, darauf, und träufele das restliche Olivenöl darüber. Nun werden die Knoblauchzehen abgezogen und kommen dazu, der Thymian wird abgespült, trocken geschüttelt und darüber gestreut. Die Tomaten müssen im vorgeheizten Backofen bei 100 Grad (Umluft 80 Grad, Gas Stufe 1) etwa 40 bis 60 Minuten garen. Sie sind gut, wenn sich die Haut ganz einfach abziehen lässt. Ich enthäute die Tomaten und bewahre sie mit etwas Öl und den Knoblauchzehen abgedeckt im Kühlschrank auf – wenn ich sie nicht gleich zum Beispiel für die Crostini (Rezept Seite 20) verwende.

FÜR 16 STÜCK
4 Fleischtomaten • 3–4 EL Olivenöl
3 Knoblauchzehen • ½ Bund Thymian

GEFÜLLTE TOMATEN
»Tomaten sind echte Goldstücke!«

Zuerst weiche ich das Brötchen in der Milch ein, drücke es gut aus und verknete es zusammen mit dem Mett, dem Hackfleisch, dem fein gewürfelten Schinken, dem dicken Ei, der Petersilie, dem frischen Majoran, Salz und Pfeffer aus der Mühle. Dann schneide ich die Schalotten und die Knoblauchzehe klein und dünste sie in 20 Gramm von der Butter ungefähr fünf Minuten an.

● Von den schönen reifen Fleischtomaten schneide ich jeweils einen Deckel ab und höhle sie vorsichtig mit einem Teelöffel aus. Die Kerne und der Saft werden entfernt, das Tomatenfleisch vom Gehäuse wird fein geschnitten und zusammen mit den gedünsteten Schalotten unter die Fleischmischung gegeben. Nun muss ich die Tomaten nur noch gut füllen, die Füllung soll etwa einen Zentimeter über die Tomatenwand hinausragen. Tomatendeckel drauf und alles in eine gut gebutterte Form geben. Bei 250 Grad (Umluft 230 Grad, Gas Stufe 6–7) kommen meine Goldstücke für etwa 25 Minuten in den Ofen.

● Ich serviere die gefüllten Tomaten gern mit Basmati-Reis oder mit fein gewürfelten Bratkartoffeln (Rezept Seite 102). Den Jus aus der Form gebe ich als kleine Soße dazu.

Wenn die Tomaten mal kleiner geraten sind und Fleischteig übrig bleiben sollte, mache ich daraus leckere Frikadellen.

FÜR 4 PERSONEN Fotos Seite 115 und oben
1 Brötchen vom Vortag • 125 ml Milch
200 g Mett • 150 Gramm Hackfleisch
100 g gekochter Schinken • 1 großes Ei
2 EL gehackte Petersilie • 1–2 EL gehackter
Majoran • Salz • Pfeffer • 3 Schalotten
1 Knoblauchzehe • 30 g Butter
8 große reife Fleischtomaten

TARTE MIT PILZEN

»Mein Sous-Chef macht zur Pilzzeit eine feine Tarte aus Blätterteig«

Je zwei Scheiben Blätterteig übereinander legen und zu zwei Kreisen von etwa 16 Zentimeter Durchmesser ausrollen. Diese Teigkreise pikst Hákon Örvasson ein paarmal mit der Gabel ein, legt sie auf ein mit Backpapier ausgelegtes Backblech und stellt sie erst einmal kalt.

● Nun kommt die so genannte Duxelles an die Reihe. Dafür nimmt Hákon die geputzten und fein gehackten Champignons de Paris, die mit Liebe fein geschnittenen Schalotten und den zerdrückten Knoblauch. Er dünstet das Gemüse in einer guten Nuss Butter und dem Olivenöl an, gibt die Sahne dazu und köchelt es etwa zwölf Minuten, bis die Duxelles cremig ist. Die gehackte Petersilie hineintun, noch einmal aufkochen lassen, mit Salz und Pfeffer aus der Mühle abschmecken und zum Abkühlen in den Kühlschrank stellen.

● Die gemischten Pilze für den Belag putzt er sorgfältig. Zur Not müssen die Pilze auch im kalten Wasser gewaschen werden. Wichtig ist, dass sie dann gut mit einem Küchentuch getrocknet werden. Große Pilze werden halbiert oder geviertelt, auf alle Fälle sollten die Pilzstückchen gleich groß sein.

● Nun kommt die abgekühlte Duxelles etwa drei Millimeter hoch auf den Blätterteigboden, darauf werden die Pilze gleichmäßig verteilt – wie bei einer Früchtetarte. Über alles streut Hákon ein bisschen Salz und träufelt Olivenöl darüber. Die Tartes werden im vorgeheizten Backofen bei 220 Grad (Umluft 200 Grad, Gas Stufe 5) etwa 15 bis 20 Minuten gebacken. In den letzten drei Minuten kommen noch ein paar platte Petersilienblätter darüber und werden mitgebacken. Heiß servieren und bon appétit!

FÜR 2 TARTES/4 PERSONEN
4 Scheiben TK-Blätterteig

<u>Duxelles:</u> 150 g Champignons de Paris
2 kleine Schalotten • 1 Knoblauchzehe
1 EL Butter • 1 EL Olivenöl • 3 EL Sahne
2 Stängel glatte Petersilie • Salz • Pfeffer

<u>Belag:</u> 150 g gemischte Pilze (Braunkappen, Pfifferlinge, Steinpilze, Champignons, Austernpilze)
Salz • 2 EL Olivenöl • 1 Stängel glatte Petersilie

PFIFFERLINGE MIT ESTRAGON

»Die ideale Beilage zu Kalbfleisch, Huhn oder Alfred Bioleks Semmelknödeln«

Am besten eignen sich die kleinen festen Pfifferlinge für dieses Gericht. Ich putze sie, und wenn sie ganz sandig sind, wasche ich sie und lasse sie in einem Leinentuch trocknen. Dann erhitze ich einen Esslöffel von der Butter in einer Pfanne. Ist sie schön heiß, gebe ich die fein geschnittene Schalotte und die Pfifferlinge hinein. Ich gebe Salz und Pfeffer aus der Mühle darüber, und dann sautiere ich alles schön bei großer Hitze, indem ich die Pfanne schwinge und die Pilze hopsen lasse. Das geht natürlich auch mit einem Bratenwender, sieht aber sehr viel weniger professionell aus…

● Nun tue ich die klein geschnittenen Estragonblättchen dazu, lasse alles noch einmal ein bis zwei Minuten braten und gebe dann die restliche kalte Butter und, um die Soße sämiger zu machen, einen Schuss trockenen Sherry hinein. Ich schmecke mit Salz und Pfeffer aus der Mühle ab, verfeinere auch gern mit etwas halb fest geschlagener Sahne und serviere die Pfifferlinge auf jeden Fall sofort sehr heiß.

FÜR 4 PERSONEN
500 g Pfifferlinge • 2 EL Butter • 1 Schalotte
Salz • Pfeffer • 1 kleiner EL Estragonblättchen
2 EL trockener Sherry
evtl. 2 EL geschlagene Sahne

Zwiebelkuchen
Seite 121

Couscous mit Gemüse · Seite 121

> »Das Glück liegt oft in den kleinen Dingen, dazu gehört für mich ein Picknick mit der Familie oder den Freundinnen, spontan oder geplant. Wenn ich meinen Zwiebelkuchen im Körbchen mitbringe, dann freuen sich alle besonders. Der schmeckt nämlich auch sehr lecker, wenn er nicht mehr ganz warm ist«

Sous-Chef Hákon Övarsson und
Gastkoch Yannick Alleno

COUSCOUS MIT GEMÜSE

»Ich liebe diese einfache und schöne Spezialität aus Nordafrika«

Die Möhren schneide ich in etwa sechs Zentimeter lange Stücke, die Zucchini in vier Zentimeter lange Stücke. Die Rübchen werden geviertelt, die Tomaten enthäutet und geviertelt. Dann tue ich das Olivenöl in den Topf, dünste darin die Möhren und die Rübchen an und gieße die Brühe dazu. Zehn Minuten lasse ich alles köcheln, dann kommen die Zucchini, nach weiteren fünf Minuten die Tomaten und alle Gewürze dazu. Die Brühe lasse ich schön köcheln, bis sie gut riecht und schmeckt. Dann gebe ich die abgetropften Kichererbsen dazu.

● Inzwischen bereite ich den Couscous nach Packungsanweisung zu. Den fertigen Couscous gebe ich auf eine große vorgewärmte Platte und lege das Gemüse dekorativ darauf. Etwas von der würzigen Gemüsebrühe kommt darüber, der Rest in eine angewärmte Schüssel und wird extra serviert. Dazu gibt es die Rosinen und das scharfe Harissa – und fertig ist der kleine Ausflug nach Marokko.

Wenn es keine weißen Rübchen gibt: Der Couscous schmeckt auch gut mit Kohlrabi. Ich schneide ihn dann in Stücke, etwa so groß wie die Möhren.

FÜR 4 PERSONEN Foto Seite 119
300 g Möhren • 450 g Zucchini
350 g weiße Rüben oder Kohlrabi
350 g Tomaten • 2 EL Olivenöl • 1 l Gemüse- oder Hühnerbrühe (Rezept Seite 35)
1 TL Kreuzkümmel • 1 TL Salz • Pfeffer
10 Pimentkörner • 250 g Kichererbsen aus der Dose • 300 g mittelgrober Couscous
50 g Rosinen • Harissa aus dem Glas

ZWIEBELKUCHEN

»Der geht schnell, ist fürs Picknick ideal und schmeckt auch auf der Party«

Zunächst mache ich einen salzigen Mürbeteig. Dafür verknete ich alle Zutaten schnell mit der Küchenmaschine und lasse den Teig etwa eine Stunde in einer Frischhaltefolie im Kühlschrank ruhen.

● Ich schäle die Gemüsezwiebeln, halbiere sie und schneide die Hälften in feine Ringe. Die Zwiebelringe werden etwa 15 Minuten in einer großen (!) Pfanne in Butter gedünstet. Ich gebe etwas Meersalz, Pfeffer aus der Mühle und einen Hauch Muskat darüber.

● Eine Springform (24 Zentimeter Durchmesser) buttern und mit dem Mürbeteig auslegen, dünn, aber nicht zu dünn. Sie brauchen etwa zwei Drittel der Teigmenge, den Rest können Sie einfrieren oder für Tartelets (Rezept Seite 17) nehmen. Mit einer Gabel pikse ich ein paar Löcher hinein und backe den Teig zehn Minuten bei 200 Grad vor (Umluft 180 Grad, Gas Stufe 4), verteile dann die Zwiebeln darauf.

● Die Eier werden mit der Sahne, Salz und Pfeffer aus der Mühle verquirlt und über die Zwiebeln gegossen. Ich backe den Kuchen noch etwa 40 Minuten lang weiter. Wenn die Füllung schön fest ist, löse ich den Zwiebelkuchen aus der Form und lasse ihn auf einem Kuchengitter ausdünsten, so bleibt der Teig schön kross.

Mit einem Salat ist der Zwiebelkuchen ein kleines Mittag- oder Abendessen. Voilà!

FÜR 8 STÜCKE Foto Seite 118
4 Gemüsezwiebeln (ca. 1,3 kg) • 30 g Butter
Salz • Pfeffer • Muskatnuss • 3 Eier • 250 g Sahne
Teig: 250 g Mehl • 160 g kalte Butter • 1 Ei
1 Prise Salz • 1 Prise Zucker • 1 EL Milch
Butter für die Form

GEMÜSE

Deftiger Bouneschlupp
Seite 123

Karamellisierte
Karotten · Seite 123

>> Bei Gemüse war ich als Kind wie alle Kinder auch. Ich hatte so meine liebe Mühe, dafür die gebührende Begeisterung aufzubringen. Und meine Mutter war wie alle anderen Mütter auch… Als Erstes habe ich mich mit den Karotten versöhnt. Noch heute liebe ich sie als perfekte Begleitung zum Fleisch«

BOUNESCHLUPP

»Der deftige Bohneneintopf ist eine Spezialität aus meiner Heimat«

Ich putze die Bohnen, wasche sie und schneide sie in Stücke von einem Zentimeter Länge. Wenn Sie tiefgekühlte Bohnen verwenden: auftauen lassen und ebenfalls in Stücke schneiden.

● Der Sellerie und die Kartoffeln werden geschält und sehr fein gewürfelt. Die Zwiebeln abziehen und fein hacken. Den Porree waschen und nur das Weiße und das Hellgrüne fein schneiden. Das Gemüse gebe ich zunächst ohne die Kartoffelwürfel in einen Topf mit zwei Liter Wasser und dem Salz. Ich koche es etwa 15 Minuten und tue jetzt erst die Kartoffeln hinein, sonst zerfallen sie.

● Nach zehn Minuten gieße ich das Gemüse durch ein Sieb ab und fange das Kochwasser auf. Ich dünste das Mehl in der Butter an und rühre nach und nach das Gemüsewasser unter, bis eine sämige Soße entstanden ist. Diese passiere ich durchs Haarsieb wieder zum Gemüse. Ich lasse alles noch einmal etwa fünf bis zehn Minuten kochen, schmecke mit Pfeffer und Salz ab, streue die Petersilie darüber und geben einen Klacks saure Sahne auf jede Portion.

Ich mag dazu auch Schlagsahne mit etwas Essig verrührt anstatt saurer Sahne.

FÜR 6 PERSONEN Foto Seite 122
1 kg grüne Bohnen (evtl. TK)
150 g Knollensellerie • 3 Kartoffeln • 2 Zwiebeln
1 Porreestange • 1 TL Salz • 2 EL Mehl
50 g Butter • Pfeffer • 4 EL gehackte Petersilie
150 g saure Sahne

KARAMELLISIERTE KAROTTEN

»Karotten hassen Wasser und lieben Butter!«

Ich putze die Möhren und schneide sie schräg in Scheiben. Dann lasse ich die Butter in einem schweren, gusseisernen Topf schäumend heiß werden, gebe die Möhren dazu und etwas Salz und Zucker darüber. Wenn die Möhren auf beiden Seiten schön hellbraun karamellisiert sind, lasse ich sie zugedeckt gut 20 Minuten bei milder Hitze schmoren. Gern tue ich noch die ungeschälten Knoblauchzehen dazu – das gibt einen interessanten Geschmack. Zum Schluss streue ich noch etwas gehackte glatte Petersilie und etwas Pfeffer aus der Mühle darüber. Und fertig ist's zum Genießen.

Es gibt nichts Besseres zu einem zarten Braten als karamellisierte Karotten. Ideal sind sie zum Beispiel zum Kalbsragout von Seite 97.

FÜR 4 PERSONEN Foto Seite 122
600 g Möhren • 2 EL Butter • Salz
1 Prise Zucker • 2–3 Knoblauchzehen
3 Stängel glatte Petersilie • Pfeffer

ERBSEN & MÖHREN

»Schade, dass es frische Erbsen immer nur ein paar Wochen im Jahr gibt«

Viele bilden sich ein, Erbsen zu schälen, sei zu viel Arbeit. Ist es nicht! Also: Ich nehme sie aus der Schote und blanchiere sie in kochendem Salzwasser, ganz kurz nur, und schrecke sie sofort in Eiswasser ab. So bleiben sie schön grün. Die jungen Möhren schabe ich. Von den Lauchzwiebeln schneide ich die Wurzeln und das dunkle Grün ab, entferne die äußere Schicht und schneide die Zwiebeln klein.

● Dann erhitze ich einen Esslöffel von der Butter in einem Eisentopf, gebe die Möhrchen und die Lauchzwiebeln dazu und streue etwas Salz und eine Prise Zucker darüber. Zum Schluss gieße ich den Hühnerfond an (Wasser wirklich nur im schlimmsten Falle) und lasse sie im Topf mit Deckel garen. Nicht zu lange, also knapp zehn Minuten, sie sind noch so jung! Ist alles gar, gebe ich etwas frische Butter und die blanchierten Erbsen dazu und schmecke mit Salz ab. Eventuell kommt auch noch ein Spritzer Zitronensaft hinein und/oder fein geschnittene Ringe vom Grün der Lauchzwiebeln.

FÜR 4–6 PERSONEN
1 kg junge Erbsen in der Schote (oder 400 g tiefgekühlte Erbsen) • Salz • 1 kg junge Bundmöhren
2 EL Butter • 200 g Lauchzwiebeln
1 Prise Zucker • 5 EL Hühnerfond (Rezept Seite 35) • evtl. 1 Spritzer Zitronensaft

GEMÜSE

GELIEBTER SPARGEL

»Ins Spargelwasser gehört natürlich ein Stückchen Zucker – sonst kann er manchmal bitter schmecken...«

Damit der Genuss ungetrübt ist, muss der Spargel üppig geschält sein. Am besten nehmen Sie einen Spargelschäler, zur Not einen Kartoffelschäler, jedenfalls müssen Sie immer von der Spitze zum Ende schälen und aufpassen, dass der Kopf nicht abbricht, der ist am wertvollsten. Sind die Spargelstangen geschält, werden sie in ein sehr feuchtes, sauberes Küchentuch eingewickelt und kommen bis zum Kochen ins Gemüsefach des Kühlschranks.
● Nun nehme ich einen großen weiten Topf und bringe viel Wasser zum Kochen. Pro Liter tue ich etwa acht Gramm grobes Meersalz und dann die Zuckerstückchen hinein.
● Die Spargelstangen müssen etwa zwölf bis 15 Minuten kochen. Je frischer sie sind, desto schneller sind sie gar. Um sicher zu gehen, teste ich den Spargel in jedem Fall, und zwar steche ich mit einem spitzen Küchenmesser einmal ganz unten am Stiel ein – wenn sich das sanft und zart (aber nicht weich!) anfühlt, ist der Spargel fertig. Mit einem Schaumlöffel, noch besser einer flachen »Spinne«, hebe ich die Stangen sorgfältig aus dem kochenden Wasser und lege sie auf eine Porzellanplatte. Auf die Platte kommt vorher eine weiße Stoffserviette, damit er ausdünsten kann und warm bleibt. Den Spargel serviere ich sofort, denn frisch und frisch gekocht soll er sein! Beim Spargelessen koche ich deshalb lieber zwei- oder dreimal neu.

Wer den Spargel bündeln kann, ohne die empfindlichen Spitzen abzubrechen, soll es ruhig tun. Wer dies nicht kann, braucht keine Komplexe zu haben, denn es ändert überhaupt nichts am Geschmack.

FÜR 4 PERSONEN Foto Seite 125
2 kg Spargel • grobes Meersalz
1–2 Stückchen Zucker

SAUCE HOLLANDAISE

»Am besten schmeckt mir Spargel ganz klassisch mit dieser Soße«

Zuerst schmelze ich die Butter bei niedriger Temperatur, den dabei entstehenden Schaum schöpfe ich von der Oberfläche ab.
● Könner schlagen die Hollandaise direkt im Topf auf dem Herd. Ich empfehle aber ein »bain marie«, ein Wasserbad: Ich fülle einen Topf mit heißem Wasser und setze eine Edelstahlschüssel mit rundem Boden hinein. Ich tue den Champagner hinein und rühre die Eigelb unter. Dann füge ich eine Prise Salz hinzu und schlage die Masse mit dem Schneebesen, bis sie cremig und gebunden ist und ich bei jedem Besenschlag den Boden der Schüssel sehen kann. Ich rühre sehr vorsichtig die warme, flüssige Butter unter und zum Schluss den Zitronensaft. Puristen passieren die Soße durch ein Haarsieb, dann wird sie noch feiner... Egal, ich serviere sie warm zum Spargel.

Tut man ein bisschen geschlagene Sahne zur Hollandaise, heißt sie »Mousseline«. Nimmt man anstelle von Zitronensaft einen Teelöffel Blutorangensaft, heißt sie »Maltaise«. Alle Variationen sind sehr lecker und passen perfekt zum Spargel. Und auch eine gute Vinaigrette mit zerdrücktem Ei (Rezept Seite 51) ist eine schöne Variante.

FÜR 4–6 PERSONEN Foto Seite 125
250 g Butter • 5 EL Champagner oder Sekt
4 Eigelb • Salz • 1 TL Zitronensaft

Spargel mit Sauce
Hollandaise · Seite 124

Vanilleeis • Seite 131

» Mein Liebstes ist und bleibt Vanilleeis. Auf den Geschmack bin ich als Kind gekommen. Das Eis wurde auf unserem jährlichen Wiesenfest in einem großen Holztrog von Hand gedreht, ungefähr eine Stunde lang. Und dann ging der Deckel hoch! Genau diesen Augenblick wollte ich um nichts in der Welt verpassen, das Eis hat traumhaft gut geduftet: süßlich, milchig, mit einem Hauch von Vanille. All meine Sinne sind auf einer herrlich duftenden Wolke geschwebt – und so geht es mir auch heute, wenn ich Vanilleeis esse!«

Sautierte Erdbeeren mit Estragon · Seite 130

DESSERTS

»Wenn's auch schwer fällt, einen Schluck abzugeben: Champagner macht die Soße erst so richtig gut«

Gratin von roten
Früchten · Seite 131

DESSERTS

SAUTIERTE ERDBEEREN MIT ESTRAGON

»Empfindlicher Magen? Überlisten Sie ihn mit leckeren warmen Erdbeeren!«

Die Erdbeeren sollen möglichst klein, fest und reif sein. Sie werden gewaschen, geputzt und abgetrocknet. Ist das geschafft, lasse ich die Butter in einer Pfanne schäumend heiß werden, sautiere die Erdbeeren eine Minute darin, nehme sie sofort aus der Pfanne und lege sie auf eine schöne Glasplatte oder verteile sie schon auf die Dessertteller.

● Die Pfanne lösche ich mit dem Orangensaft ab und schmecke die Soße ab: Sie soll nicht zu süß sein, deshalb nur im Notfall Zucker dazugeben. Bevor ich die Soße über die Erdbeeren gieße, streue ich noch einige kleingeschnittene Estragonblätter hinein. Ich mag das Dessert solo oder auch mit etwas Vanille-Sahne (Rezept unten). Perfekt und bekömmlich!

Den Estragon testen, indem man ein Blättchen zwischen den Fingern zerdrückt – es muss gut nach Anis riechen, sonst taugt der Estragon nichts.

FÜR 4 PERSONEN Foto Seite 127
400 g reife Erdbeeren • 20 g Butter • 1 Orange (Saft) • evtl. etwas Zucker • einige Estragonblätter

VANILLE-SAHNE

»Trick: Die Sahne nur halb fest schlagen«

Ich finde, Vanille-Sahne passt schön zu vielen Desserts und Kuchen. Dafür nehme ich natürlich immer echte Vanille, das geht ganz einfach: Ich schlitze die Schote mit einem kleinen scharfen Messer auf, kratze das Mark heraus und schlage es mit der Sahne auf. Die Sahne ist dann besonders gut, wenn sie nur halb fest aufgeschlagen wird, weil der Geschmack nicht so fettig ist wie bei steifer Sahne. Wer mag, süßt noch mit etwas Puderzucker.

FÜR 4–6 PERSONEN
200 g Schlagsahne • ½ Vanilleschote
evtl. Puderzucker

KARAMELLISIERTE ANANAS

»Raffiniert und schnell gemacht«

Die Ananas schäle ich, schneide sie in acht Spalten und entferne den harten Innenteil. Ich halbiere die Ananasstücke noch einmal. Voilà, damit ist schon das Schlimmste geschafft! Ich schlitze die Vanilleschoten mit einem scharfen Messer auf, kratze das Mark heraus und vermische es mit dem Zucker.

● Die Butter wird in einer Pfanne heiß gemacht und die Ananasstücke werden darin angebraten. Ich bestreue sie mit etwas von dem Vanillezucker, wende sie und streue den restlichen Zucker darüber, so dass die Ananasstücke auf beiden Seiten karamellisieren können. Zum Schluss gieße ich den Kokoslikör darüber, nehme die Ananas aus der Pfanne und verteile die Stücke auf acht Dessertteller.

● Der Ananassaft kommt zur Vanillebutter in die Pfanne und wird erhitzt. Diese Soße lasse ich einkochen, erst wenn sie eine sirupartige Konsistenz hat, verteile ich sie über die Ananasstücke.

● Die geschlagene Sahne wird mit der Schale der Limette, dem Saft einer halben Limette und dem Zucker verrührt. Zum schönen Schluss dekoriere ich die Ananasstücke mit einem Esslöffel von der Limetten-Sahne.

FÜR 8 PERSONEN Foto oben
1 große reife Ananas • 2 Vanilleschoten
2 EL Zucker • 40 g Butter
5 cl Kokoslikör (z. B. Malibu) • 100 ml Ananassaft
<u>Limetten-Sahne:</u> 8 EL geschlagene Sahne
1 Limette • 1 TL Zucker

VANILLEEIS

»Ganz klassisch, wie ich es liebe«

Ich verrühre die frischen Eigelb mit der Hälfte des Zuckers stramm mit dem Schneebesen, schlage sie aber nicht zu schaumig, sonst wird es schwierig, das genaue Kochen zu überwachen.

● Die Vanilleschote wird mit einem spitzen Küchenmesser aufgeschnitten und das Mark herausgekratzt. Die Milch koche ich dann mit dem restlichen Zucker und dem Vanillemark auf, nehme den Topf vom Herd und lasse alles eine viertel Stunde ziehen. Danach muss die Vanillemilch nochmals aufkochen und wird auf die Eigelbmasse gegeben.

● Das Ganze kommt zurück in die Kasserolle und wird auf den Punkt genau gekocht. Dieser Punkt, von dem alle reden, regt einen ein bisschen auf. Aber es darf halt nicht kochen! Sobald man spürt, dass die Eigelb binden und das Milchgemisch dickflüssiger wird, hat man's geschafft. Zwei Sekunden noch und sofort die kalte Sahne dazu, umrühren, in eine Metallschüssel gießen und auf Eis stellen. Wenn's mal zu heiß geworden ist, stelle ich den Topf blitzschnell auf Eis und gebe die eiskalte Sahne dazu – so kann ich alles noch retten. Die Eisschüssel mit etwas Wasser und Salz sollte man also griffbereit haben!

● Wer ganz auf Nummer sicher gehen will, kann das Milch-Eigelb-Gemisch im heißen Wasserbad rühren, bis die Eigelb binden, das dauert aber eine Weile.

● Sobald die Creme abgekühlt ist, passiere ich sie durch ein Haarsieb, gebe sie zum Gefrieren in die Eismaschine und kann das Ende kaum erwarten: Es ist absolut das leckerste Eis, das ich kenne!

FÜR 4–6 PERSONEN Foto Seite 126
6 Eigelb • 125 g Zucker • 1–2 Vanillestangen
½ l Milch • 100 g Sahne

VARIATION: MOKKAEIS

Ich bereite es wie das Vanilleeis zu, statt Vanille kommt etwas löslicher Kaffee-Extrakt hinein. Entweder gekauft oder Sie machen einen doppelten Espresso und geben noch einen dicken Löffel Instant-Kaffee dazu. Hineinrühren und in die Eismaschine tun.

GRATIN VON ROTEN FRÜCHTEN

»Etwas aufwändig mit dem Champagner-Sabayon, aber es schmeckt himmlisch«

Zuerst mache ich ein Coulis von Himbeeren (Rezept Seite 136).

● Dann kommt der Champagner-Sabayon: Ich schlage Sabayon immer direkt im Topf auf dem Herd auf – das ist aber nur etwas für Könner. Leichter geht's über dem Wasserbad. Also eine große Wasserbadschüssel (aus Edelstahl mit rundem Boden) nehmen, zuerst die Eigelb mit dem Zucker verrühren und den Champagner dazugeben. Alles wird mit dem Schneebesen gut durchgeschlagen und auf einen hohen Topf heißes Wasser gestellt.

● Nun die Masse munter und kräftig steif schlagen; zwischendurch ein paarmal mit dem Finger die Temperatur des Sabayon kontrollieren: Er darf nicht kochend heiß werden, sonst wird es ein wässeriges Omelett. Sobald der Boden der Schüssel beim Schlagen sichtbar wird, ist alles gebunden. Vom Wasser nehmen und ein bisschen weiterschlagen. Ich lasse die Masse abkühlen und hebe dann die Sahne unter.

● Zum Gratinieren kommen die roten Früchte am besten in flache Gratinformen. Pro Person tue ich einen Esslöffel vom Himbeercoulis darüber und bedecke die Früchte dann mit dem Sabayon. Zum Schluss stäube ich noch etwas Puderzucker darüber und gratiniere das wundervolle Dessert etwa zwei bis drei Minuten unter dem Grill. Attention: Es soll nur hellbraun werden und nicht dunkel verbrennen!

FÜR 6 PERSONEN Foto Seite 129
Pro Person etwa 80 g rote Früchte wie
Himbeeren, Erdbeeren und Johannisbeeren
Coulis: 150 g Himbeeren • 2 EL Zucker
etwas Zitronensaft
Sabayon: 3 Eigelb • 2 El Zucker
200 ml Champagner oder guter Sekt
2–3 EL geschlagene Sahne
Puderzucker zum Überbacken

Mousse von Cassis
Seite 136

» Ich finde, Sorbets sind doppelt gut. Als Erfrischung bei Hitze und als Zwischengang im großen Menü«

Limonensorbet mit Rosmarin · Seite 137

Eisiges
Fruchtsorbet
Seite 137

Millefeuille
von Himbeeren
Seite 138

» Gern hätte ich auf der Wiese hinterm Restaurant einen Garten. Beeren schmecken nun einmal am besten direkt vom Strauch in den Mund. Aber ob meine Gäste ihren Nachtisch selber pflücken möchten? Jedenfalls gibt es genügend Dessert-Ideen, solange verführerische Beeren auf dem Markt sind«

DESSERTS

MOUSSE VON CASSIS

»Sie sieht dekorativ aus und schmeckt himmlisch«

Mit dem Stabmixer püriere ich die schwarzen Johannisbeeren (die auf Französisch Cassis heißen), den Zuckersirup und einen Spritzer Zitronensaft. Wenn's fein werden soll, passiere ich die Masse durch ein Haarsieb, das muss aber nicht unbedingt sein. Es ergibt eine Menge von knapp 250 Milliliter.
● Inzwischen lasse ich die Gelatine in kaltem Wasser quellen. Ich nehme zwei Esslöffel vom Cassispüree, erhitze es und löse die Gelatine darin auf. Nun gebe ich es schnell zu dem Püree und vermische alles sehr gut, damit die Gelatine gleichmäßig verteilt ist. Zum Schluss wird die Sahne fast steif geschlagen und unter die Cassismasse gehoben.
● Jetzt ist die Mousse fertig, wird in die Gläser gefüllt und kommt zum Festwerden für mindestens vier Stunden in den Kühlschrank.

Ich fülle die Mousse am liebsten gleich in Cocktailgläser mit Stiel, wie sie für Martini benutzt werden, und lasse nur noch ein bisschen Platz, um auf die steife Mousse eine Schicht Coulis von Himbeeren oder schwarzen Johannisbeeren oder beides gemischt zu geben (Rezept rechts oben, Zutatenmenge wie unten angegeben).
Wer mag, kann darauf dann auch noch eine dünne Schicht halb fest geschlagene Sahne tun und schön glatt streichen. Ein Minzblatt dazu, und das himmlische Dessert kann präsentiert werden.

FÜR 4 PERSONEN Foto Seite 132
250 g schwarze Johannisbeeren, frisch oder tiefgekühlt • 75 ml Zuckersirup (Rezept Seite 157)
etwas Zitronensaft • 2–3 Blatt weiße Gelatine
100 g geschlagene Sahne
<u>Coulis:</u> 100 g schwarze Johannisbeeren, Himbeeren oder beides gemischt
2 TL Zucker • etwas Zitronensaft

COULIS VON SOMMERBEEREN

»Ganz einfach und eine wunderbare Dessert-Dekoration«

Coulis steht im Französischen für alle Früchte (und Gemüse), die püriert und passiert werden. Damit kann man einen besonders feinen Effekt erzielen. Himbeeren, Erdbeeren und Johannisbeeren lassen sich besonders gut pürieren und passieren.
● Ich püriere also die Früchte, den Zucker und ein paar Spritzer Zitronensaft mit dem Stabmixer. Anschließend passiere ich die Masse durch ein Haarsieb, damit keine Kerne im Dessert landen.

Coulis können Sie gut einfrieren, am besten im Eiswürfelbehälter. Im Kühlschrank hält es sich auch im Twist-off-Glas ein paar Tage.

FÜR 4 PERSONEN
200 g Beeren, zur Not auch tiefgekühlte
1–2 EL Zucker • etwas Zitronensaft

VARIATION: COULIS EXOTIQUE
Ich presse eine Orange und eine Limone aus und höhle dann sechs Passionsfrüchte (Maracujas) mit dem Löffel aus. Zum Fruchtfleisch gebe ich eine halbe Banane, den Orangen- und Limonensaft und eventuell etwas Zucker und zerdrücke alles mit einer Gabel. Anschließend passiere ich wie gewohnt durchs Haarsieb. Einige Kerne von der Passionsfrucht gebe ich zur Dekoration zurück ins Coulis. Zu Mango und exotischen Früchten ist dieses Coulis ganz wunderbar – und die Gäste kommen wieder!

FRUCHTEISCREME

»Eine milde Variation vom Sorbet«

Sie brauchen die Fruchtmasse wie für ein Fruchtsorbet (Rezept rechts), geben aber zu 700 Milliliter Sorbetmasse noch 300 Milliliter flüssige Sahne. Ab in eine Eismaschine, die einen Liter kühlen kann – und im Nu hat man eine wunderbare Eiscreme.

SORBET VON LIMONEN MIT ROSMARIN

»Das konzentrierte Sorbet ist sehr fein und ein toller Zwischengang im Menü«

Ich tue den Zucker, 250 Milliliter Wasser und die Rosmarinnadeln in eine Kasserolle und koche daraus einen Sirup. Nach einer halben Stunde passiere ich ihn durch ein Haarsieb, lasse ihn abkühlen, vermische ihn mit dem Limonensaft, den ich vorher ebenfalls durch ein feines Sieb passiere. Um den Limonengeschmack zu verstärken, nehme ich noch die Schale von drei Limonen dazu: Entweder reibe ich sie mit einer ganz feinen Reibe hinein. Oder ich schneide sie mit dem Zestenreißer in dünne Streifen und dann in feine Würfelchen. Voilà, zum Gefrieren kommt jetzt alles nur noch in die Eismaschine.

FÜR 6–8 PERSONEN Foto Seite 133
250 g Zucker • 1 schöner Zweig Rosmarin
6 Limonen

VARIATION: FRUCHTSORBET Foto Seite 134
Mit dem Stabmixer püriere ich 500 Gramm Sommerfrüchte (Erdbeeren, Himbeeren oder Johannisbeeren) mit 100 bis 120 Gramm Puderzucker, presse eine Orange und eine halbe Zitrone aus und gebe den Saft dazu. Alles wird püriert, aber nicht durch ein Sieb passiert. Heraus kommen etwa 700 Milliliter Sorbetmasse. In die Eismaschine damit – und fertig ist das geniale Sorbet für heiße Tage!

VARIATION: MANGOSORBET
Ich püriere das Fleisch von zwei Mangos, gebe 160 Milliliter Zuckersirup (Rezept Seite 157) und den Saft einer halben Zitrone dazu. Durch ein Haarsieb passieren und in die Eismaschine tun. Dazu Coulis exotique oder Himbeercoulis (Rezepte links).

VARIATION: GRANITÉ VON FRÜCHTEN
Ein Granité ist ein Sorbet, ohne Eismaschine gemacht: Die Sorbetmasse wird auf eine große, tiefe Platte gefüllt und kommt in den Tiefkühler. Alle halbe Stunde kratze ich die gefrorene oberste Schicht mit einer Gabel ab und wiederhole den Vorgang so lange, bis die Fruchtmasse fest geworden ist.

QUARKEIS MIT GRAPEFRUIT-GRANITÉ

»Ein leichtes, frisches, fruchtiges Dessert. Ein Liebling von mir!«

Eine Grapefruit wird filetiert. Dafür schneide ich oben und unten einen Deckel von der Grapefruit und schäle dann sowohl die dicke als auch die dünne Haut ab, so dass das schiere Fruchtfleisch sichtbar ist. Das mache ich über einer Schüssel, um den Saft aufzufangen. Dann löse ich das Fruchtfleisch mit einem kleinen scharfen Messer vorsichtig von den Trennhäuten. Die Grapefruitspalten lege ich erst einmal in einen tiefen Teller mit etwas Saft.

• Die anderen beiden Grapefruits presse ich aus und löse den Zucker im Saft auf. Dann gieße ich ihn in eine flache Gratinform und stelle ihn ins Tiefkühlfach. Wenn's schnell gehen soll, kann man die Form schon vorher gefrieren. Sobald der Saft halb gefroren ist, wird er mit der Gabel aufgekratzt und noch einmal für zehn Minuten kalt gestellt. Dann nochmals mit der Gabel aufkratzen – voilà!

• Für das Quarkeis braucht man eine Eismaschine. Zuerst verrühre ich den Quark mit dem Zucker und gebe dann unter ständigem Rühren nach und nach die Sahne und die Milch dazu. Zum Schluss reibe ich die Schale der unbehandelten Zitrone hinein. Die Masse für zehn Minuten sehr kalt stellen und anschließend in der Eismaschine turbinieren, das dauert dann noch einmal ungefähr zehn Minuten.

• Zum Servieren stelle ich Martinigläser ins Kühlfach. Die kalten Gläser fülle ich zu einem Drittel mit Quarkeis, dann kommt ein Drittel Grapefruit-Granité darauf und dann wieder ein Drittel Quarkeis. Dekoriert wird das Ganze mit den abgetropften Grapefruitspalten und einem kleinen Basilikumblatt, das ich erst in den Grapefruitsaft tunke, trocknen lasse und dann oben auf das Dessert drapiere. Sie werden es lieben!

FÜR 4 PERSONEN
250 g Quark (20 %) • 75 g Zucker • 80 g Sahne
2–3 EL Milch • 1 unbehandelte Zitrone
<u>Granité:</u> 3 rosa Grapefruits • 2 EL Zucker
<u>Deko:</u> 4 Basilikumblätter

DESSERTS

MILLEFEUILLE VON HIMBEEREN

»Schmeckt superbe und sieht superbe aus: Die Dekoration ist eine kleine Kunst«

Zunächst backe ich die Galettes, hebe sie mit einem Spachtel vom Backblech und lasse sie auf einer kalten, ebenen Fläche abkühlen.

● Für die Füllung schlage ich erst einmal die Sahne steif. Von den Himbeeren werden nun die schönsten herausgesucht und beiseite gelegt. Die restlichen Himbeeren werden in zwei Portionen aufgeteilt: Die eine Hälfte zerdrücke ich mit einer Gabel in einem tiefen Teller, schmecke mit etwas Zucker und einem Spritzer Zitronensaft ab und vermische dann ganz behutsam die Sahne mit den Himbeeren. Die andere Hälfte der Himbeeren püriere ich mit dem Stabmixer und schmecke dieses Püree ebenfalls mit Zucker und Zitronensaft ab.

● Nun geht die Kunst los: Ich lege jeweils eine Galette auf die Dessertteller und bestreiche sie mit etwas Himbeersahne. Dann dekoriere ich einen Kranz Himbeeren darauf. Es folgt die zweite Galette, sie wird wieder mit Sahne und Beeren dekoriert. Die dritte Galette bestäube ich zunächst mit Puderzucker und setze sie zum Abschluss obendrauf. Voilà!

Die Teller dekoriere ich mit dem pürierten Himbeermark, den schönsten Himbeeren und ein bisschen Puderzucker.

FÜR 8 PERSONEN Foto Seite 135
24 Galettes (Rezept Seite 152) • 250 g Sahne
500 g schöne Himbeeren, evtl. auch tiefgefroren
3–4 TL Zucker • 2–3 TL Zitronensaft
Puderzucker zum Bestäuben

CRÈME BRÛLÉE

»Für meine Crème brûlée habe ich spezielle Förmchen. Die sind flach und haben eine große Oberfläche, damit meine Crème gut im Ofen gar wird«

Zunächst verrühre ich die Sahne mit der Milch und dem Zucker, kratze das Mark aus der Vanilleschote und gebe es dazu. Dann kommen die Eigelb darunter. Diese gute Mischung lasse ich meist über Nacht im Kühlschrank, damit sich alles schön verbindet.

● Am nächsten Tag gieße ich die Eiersahne in sechs bis acht von meinen Förmchen, stelle sie in die Fettpfanne des Backofens und schiebe alles in den auf 150 Grad vorgeheizten Umluft-Backofen.

● In die Fettpfanne gieße ich nun kochend heißes Wasser, so dass die Förmchen zur Hälfte im Wasserbad stehen. Da lasse ich sie ungefähr 45 Minuten – das ist ein bisschen Gefühlssache: Die Crème darf nicht mehr flüssig sein, aber auch nicht so fest wie eine Crème caramel. Geschafft! Die fertige Crème lasse ich abkühlen.

● Für die knusprige Kruste, die alle so lieben, streue ich braunen Zucker auf die Crème, brenne die süße Schicht mit einem Bunsenbrenner und serviere die gebrannte Crème dann sofort. Bon appétit!

FÜR 6–8 PERSONEN Fotos Seite 139 und oben
400 g Sahne • 140 ml Milch • 85 g Zucker
1 Vanilleschote • 4 Eigelb • 3 EL brauner Zucker

»Fachleute sagen, meine Crème brûlée sei die beste der Welt. Ich will das gern glauben«

Crème brûlée
Seite 138

»Mein Trick: Halb flüssig schmeckt Sahne viel weniger fettig als steif geschlagen. Das geht hier nur im Glas«

Weiß-schwarze
Schokoladenmousse
Seite 141

WEISS-SCHWARZE SCHOKOLADENMOUSSE

»Die Mousse au chocolat ist natürlich ein Klassiker – und so ist sie besonders dekorativ«

Ich mache zuerst die weiße Mousse und lasse dafür die Gelatine in kaltem Wasser quellen. Die weiße Schokolade wird zerbröckelt, in eine Schüssel gegeben und im heißen Wasserbad geschmolzen. Darunter rühre ich den Joghurt. Nun drücke ich die Gelatine aus und erwärme sie mit zwei Esslöffel Sahne in einer kleinen Kasserolle, bis sich die Gelatine auflöst und nicht mehr klumpt. Die Mischung wird in die flüssige, abgekühlte Schokolade gerührt, die restliche Sahne wird steif geschlagen und ebenfalls unter die Schokoladenmasse gehoben. Voilà! Die weiße Mousse fülle ich in die Gläser – sie sollen knapp halb voll sein – und stelle sie dann zum Kühlen in den Kühlschrank.

● Es geht mit der dunklen Schokolade weiter: Sie wird zerbröckelt und in einer Schüssel im heißen Wasserbad geschmolzen. Danach darf sie abkühlen. Das Eiweiß und den Zucker schlage ich dann zu einem schönen festen Schnee und hebe ihn unter die flüssige Schokolade. Die Sahne schlage ich halb fest, stelle sechs Esslöffel davon zum Garnieren beiseite und hebe den Rest unter die Schoko-Eiweiß-Masse.

● Die dunkle Mousse fülle ich in die Gläser auf die weiße, bis etwa einen Zentimeter unter dem Glasrand, und stelle sie wieder kalt. Vor dem Servieren dressiere ich den Rest der halb festen Sahne auf die Mousse und bestäube alles mit Kakaopulver.

Ich liebe dazu meine **Cigarettes russes**, die knusprigen Keksröllchen aus Galette-Teig (Rezept Seite 152). Die sehen auch sehr dekorativ dazu aus!

FÜR 6 PERSONEN Foto Seite 140
<u>Weiße Schokoladenmousse:</u> ½ Blatt Gelatine
200 g weiße Schokolade
75 g Joghurt • 125 g Schlagsahne
<u>Dunkle Schokoladenmousse:</u> 150 g bittere Schokolade, Kakaoanteil mindestens 70 %
4 frische Eiweiß • 1 EL Zucker
200 g Schlagsahne • etwas Kakaopulver zum Bestäuben

KARAMELLISIERTE BIRNEN MIT WHISKYCREME

»Ein schönes Dessert für herbstliche Tage – und fürs Weihnachtsmenü«

Ich erhitze einen Liter Wasser, 250 Gramm Zucker, das ausgekratzte Vanillemark und die Vanilleschote, bis sich der Zucker aufgelöst hat. Dabei rühre ich immer schön um. Die Birnen halbiere und schäle ich, beträufele sie sofort mit etwas Zitronensaft und koche sie im Vanillesirup etwas sechs bis acht Minuten bei kleiner Hitze. Ich nehme sie vom Herd und lasse sie im Sirup abkühlen.

● Anschließend die Birnen aus dem Sirup heben, die Kerngehäuse mit einem kleinen Löffel herausnehmen und die Birnen fächerförmig einschneiden. Ich lege dann ein Backblech mit Alufolie aus und die Birnen darauf, dabei drücke ich sie etwas auseinander. Die Birnen werden mit dem restlichen Zucker bestreut und vor dem Servieren unter dem vorgeheizten Backofengrill so lange karamellisiert, bis die Ränder gebräunt sind.

● Für die Whiskycreme erhitze ich unter Rühren den braunen Zucker, sechs Esslöffel Wasser und den Zitronensaft, bis sich der Zucker aufgelöst hat und braun wird. Das dauert etwa fünf Minuten. Ich rühre den Whisky und die Sahne unter und lasse die Soße etwa zehn Minuten einkochen, bis sie dickflüssig ist. Voilà! Perfekt wird die Whisky-Birne mit einem schmalen Stückchen von meinem Schokoladenkuchen (Rezept Seite 151).

FÜR 8 PERSONEN
300 g Zucker • 1 Vanilleschote
4 schöne Birnen • ½ Zitrone (Saft)
<u>Whiskycreme:</u> 80 g brauner Zucker
4–5 Spritzer Zitronensaft
100 ml Whisky • 200 g Sahne

» Mein geliebter Vater Emile war Konditor – von ihm habe ich das Gute-Kuchen-Gen. Und die Weisheit, dass Hefeteig lebendig und geheimnisvoll ist, weil er bei jedem anders wird. So ist es auch mit meinem Apfelkuchen: Ich habe damit Freunde verwöhnt, Männer umgarnt, Kinder glücklich und Frauen nervös gemacht. Und ich bin erst zufrieden gewesen, als er nach einer langen Probezeit wirklich unschlagbar geworden war. Das war ganz schön schwer – denn ein Apfelkuchen ist doch für uns alle Kindheit pur, oder?«

**Cigarettes russes
Seite 152**

PÂTISSERIE

Zuckerkuchen
Seite 148

Trüffel-Pralinen
Seite 155

Leas Apfelkuchen
Seite 149

Schneckenkuchen
Seite 149

» Jahrelang, jedes Mal wenn er mich sah, erzählte mir ein Gast: ›Lea, dein Vater, der gute Emile, hat mir mal einen wundervoll duftenden frisch gebackenen Hefekuchen ins Spital gebracht – das werde ich ihm nie vergessen!‹ Ich bin immer gerührt zu hören, wie viel Glück man mit einer einfachen, aber mit Liebe gemachten Gabe bereiten kann. So etwas hat Seltenheitswert«

PÂTISSERIE

PAPAS HEFETEIG

»Ein guter Hefeteig ist ›Slow-Food‹, braucht Zeit – wie alles Gute im Leben!«

Die Backhefe löse ich in einer Tasse lauwarmem Wasser auf (etwa 100 Milliliter), verrühre ihn mit einer Handvoll Mehl zu einem flüssigen Teig und lasse ihn etwa eine halbe Stunde an einem warmen Ort aufgehen. Dann kommen die Eier und die weiche Butter dazu. Entscheidend, damit der Hefteteig gelingt: Eier und Butter müssen unbedingt Zimmertemperatur haben!

● Den Zucker und das Salz dazu und dann so viel Mehl, dass alle Zutaten gut miteinander zu einem geschmeidigen Teig verknetet werden können. Das Kneten geht am besten mit zwei kräftigen Händen und nur am zweitbesten mit den Knethaken der Rührmaschine! Wenn der Teig so elastisch ist, dass nichts mehr an meinen Händen klebt, ist er richtig. Nun lasse ich den Hefeteig aufgehen, bis er sein Volumen verdoppelt hat. Danach wird er zusammengeschlagen, also noch einmal ganz kurz durchgeknetet. Fertig!

Ich rolle den Teig immer schön dünn aus, da er in der Form noch mal ein bisschen aufgeht. So reicht die Menge (etwa 1,2 Kilo) für drei wunderbare Kuchen von 28 Zentimeter Durchmesser. Und wenn man nur einen machen möchte, kein Problem! Der Teig lässt sich mühelos einfrieren. Natürlich lässt sich auch die halbe Menge Teig zubereiten. Attention: Den eingefrorenen Teil müssen Sie rechtzeitig aus dem Eis nehmen, er braucht Zeit zum Auftauen und Aufgehen – am besten über Nacht bei Zimmertemperatur.

FÜR 3 KUCHEN (28-cm-Form)
1 Würfel Backhefe (42 g) • ca. 700 g Mehl • 4 Eier
200 g Butter • 3 EL Zucker • 1 große Prise Salz

SCHNELLER ZUCKERKUCHEN

»Der Zuckerkuchen ist so einfach und so gut, den backen sogar Kinder gern!«

Ich nehme frischen Hefeteig (Rezept links) und rolle ihn auf 1,5 Zentimeter Dicke zu einem Kreis von 28 Zentimeter Durchmesser aus. Zum Aufgehen stelle ich das Blech warm. Wenn der Teig doppelt so hoch ist, drücke ich alle sechs Zentimeter ein Loch mit dem Zeigefinger in den Teig und tue eine kleine Nuss Butter hinein.

● Jetzt streue ich einfach den Zucker großzügig darüber und backe den Kuchen bei 180 Grad (Umluft 160 Grad, Gas Stufe 3) schön braun. Das dauert nur ungefähr 20 Minuten. Dann kann der Zuckerkuchen schon gegessen werden, lauwarm schmeckt er nämlich am besten!

FÜR 12 STÜCKE Foto Seite 144
350 g Hefeteig (Rezept links)
40–50 g Butter • 70 g Zucker

APFELKUCHEN MIT EIERGUSS

»Mein absoluter Lieblingskuchen muss lauwarm und am besten ganz frisch gegessen werden!«

Dafür brauche ich einen Boden von Papas Hefeteig. Er wird dünn ausgerollt und in eine gefettete Form von 28 Zentimeter Durchmesser gelegt. Vorsicht! Die Form muss einen geschlossenen Boden haben, sonst läuft der Eierguss aus!

- Jetzt kommen die Äpfel dran, am besten schmecken mir übrigens Cox Orange. Ich schäle die Äpfel und entkerne sie mit dem Apfelausstecher, das geht am einfachsten. Jeden Apfel schneide ich in acht Spalten und belege den Teigboden dachziegelartig damit. Dabei muss man aufpassen, die Apfelspalten nicht in den Teig zu drücken, denn sonst entsteht leicht ein Loch, und der Guss läuft drunter.
- Das Beste an meinem Apfelkuchen ist natürlich der Guss. Dazu nehme ich Eier, Zucker, Sahne und Milch. Alles wird schön verquirlt und über die Apfelspalten gegossen. Dabei braucht man ein bisschen Erfahrung – es darf nicht zu viel, aber auch nicht zu wenig Guss sein.
- Den Backofen auf 180 Grad (Umluft 160 Grad, Gas Stufe 3) vorheizen und den Apfelkuchen etwa 50 Minuten backen. Die Äpfel sollen weich werden, der Eierguss muss stocken und der Teig appetitlich hellbraun sein – dann ist mein geliebter Apfelkuchen fertig. Ich hole ihn aus dem Ofen, hebe ihn aus der Form und stelle ihn zum Abkühlen auf einen Gitterrost. Am besten schmeckt er lauwarm, bestreut mit Puder- oder Hagelzucker. Dazu gibt's halb fest geschlagene Sahne, gesüßt mit etwas Zucker oder – ganz raffiniert – mit etwas Ahornsirup. Voilà, das ist er: mein ultimativer Apfelkuchen!

FÜR 12 STÜCKE Foto Seite 146
etwa 400 g Hefeteig (Rezept Seite 148)
ca. 700 g Äpfel, am liebsten Cox Orange
2 mittelgroße Eier • 2–3 gehäufte EL Zucker
100 g Sahne • 100 ml Milch
etwas Puder- oder Hagelzucker

WUNDERBARER SCHNECKENKUCHEN

»Hört sich komplizierter an, als es ist – und das Warten lohnt sich«

Zuerst mache ich Papas Hefeteig und wiege davon etwa 900 Gramm für den Schneckenkuchen ab. Den Rest (etwa 300 Gramm) einfrieren oder gleich für einen kleineren Zuckerkuchen verwenden (Rezept Seite 148). Inzwischen weiche ich die Rosinen und die Korinthen für zwei Stunden im Zuckersirup und einem Schuss Rum ein.

- Ich nehme die Crème anglaise wie im Rezept für die gefüllten Keksröllchen beschrieben, aber ohne Nougat und Sahne.
- Den Hefeteig rolle ich zu einem Rechteck von 45 x 35 Zentimeter aus. Darauf streiche ich den Pudding und verteile die Rosinen und Korinthen darauf. Das Rechteck wird in neun Streifen geschnitten, die jeweils zu einer Schnecke aufgerollt und in eine gefettete Springform von 24 bis 26 Zentimeter Durchmesser gesetzt werden. Oder Sie rollen einfach den ganzen Teig auf und schneiden die Rolle gleichmäßig in neun Stücke.
- Wenn alle Schnecken im Kasten sind, lasse ich sie eine Stunde lang aufgehen. Anschließend streue ich noch etwas Zimt darüber und bestreiche die Schnecken mit dem Eigelb. Dann kommen sie bei 180 Grad (Umluft 160 Grad, Gas Stufe 2) für ungefähr 40 Minuten in den Backofen. Wenn die Schnecken schön braun gebacken sind, stelle ich sie auf ein Kuchengitter, bestreiche sie mit einer Mischung aus dem Puderzucker und dem Eiweiß und warte sehnsüchtig darauf, dass sie abgekühlt sind...

FÜR 12 STÜCKE Foto Seite 147
900 g Hefeteig (Rezept Seite 148)
150 g Rosinen und Korinthen, gemischt
100 ml Zuckersirup (Rezept Seite 157)
2 EL Rum • 1 Crème anglaise (Rezept Seite 152)
Zimt • 2 Eigelb • 2 EL Puderzucker • 1 EL Eiweiß

» Liebe ist nun mal die wichtigste Zutat. Und Selbstgebackenes erwärmt allen das Herz«

Lauwarmer Aprikosenkuchen
Seite 151

LAUWARMER APRIKOSENKUCHEN

»Was gibt es Schöneres für einen sonnigen Sommernachmittag? Höchstens meine Alternative mit Pflaumen...«

Ich mache zunächst den Hefeteig und wasche dann die schönen, weichen Aprikosen, halbiere sie und entferne die Kerne. Anschließend blanchiere ich sie im Zuckersirup und lasse sie abkühlen.
● Es ist auch okay, wenn Sie selbst eingemachte Aprikosen oder Früchte aus der Dose nehmen: Die Aprikosen einfach abtropfen lassen und auf den Teig legen, extra Zuckersirup ist dann nicht nötig.
● Ich rolle den frischen Hefeteig für die Springform von 28 Zentimeter Durchmesser schön dünn aus. Die abgekühlten Aprikosen werden aus dem Sirup genommen und auf den Teig gelegt. Das muss wirklich großzügig geschehen, damit's richtig gut schmeckt – Sie brauchen etwa 40 Aprikosenhälften. Den Ofen erhitze ich auf 200 Grad (Umluft 180 Grad, Gas Stufe 4) und backe den Aprikosenkuchen etwa 25 bis 30 Minuten. Wenn er schön braun ist, hole ich ihn aus dem Ofen und bestreue ihn sofort mit dem Zucker, damit die Aprikosen eine schöne Glasur bekommen. Das gelingt aber nur, wenn der Kuchen noch glühend heiß ist, denn der Zucker schmilzt durch die Hitze der Aprikosen. Am besten schmeckt mir mein Aprikosenkuchen noch lauwarm – und natürlich mit halb fest geschlagener Sahne dazu.

Genauso gut wie mit Aprikosen gelingt dieser Kuchen mit Pflaumen oder Zwetschen.

FÜR 12 STÜCKE Foto Seite 150
500 g vom Hefeteig (Rezept Seite 148)
100 ml Zuckersirup (Rezept Seite 157)
gut 1 kg schöne, weiche Aprikosen (oder
2 große Dosen Aprikosenhälften)
3–4 EL Zucker zum Bestreuen • 250 g Sahne

SCHOKOLADENKUCHEN

»Kinderleicht und absolut köstlich!«

Die Schokolade schmelze ich auf einem nicht zu heißen Wasserbad. Dann trenne ich die Eier und schlage die Eigelb mit 200 Gramm von dem Zucker schaumig und cremig auf, bis sich der Zucker gelöst hat. Ich rühre die geschmolzene Schokolade hinein, dann die Mandeln und die weiche Butter. Ist alles gut vermischt, hebe ich das gesiebte Mehl darunter.
● Zum Schluss werden die Eiweiß mit einer Miniprise Salz und dem restlichen Zucker steif geschlagen und untergehoben. Ich fülle den Teig in eine gebutterte und bemehlte Kuchenform (am besten eine Pie-Form aus Porzellan) von 26 bis 30 Zentimeter Durchmesser und lasse ihn – weil die Form dicker ist – 40 Minuten bei 170 Grad (Umluft 150 Grad, Gas Stufe 2–3) backen.
● Der höchst leckere Schokoladenkuchen wird zum Abkühlen in der Form auf einen Rost gelegt und vor dem Servieren mit Kakao bestäubt. Attention: So bestäubt eignet er sich natürlich nicht als Geburtstagskuchen, beim Ausblasen der Kerzen fliegt sonst das schöne Kakaopulver umher...

Ich mag dazu halb geschlagene Sahne, mit Ahornsirup gesüßt.

FÜR 12 STÜCKE Foto oben
200 g Schokolade, Edelbitter mit 70 % Kakaoanteil
6 Eier • 250 g Zucker • 125 g gemahlene Mandeln
250 g Butter • 100 g Mehl • Salz

PÂTISSERIE

GALETTES

»Sie sind ganz einfach zu machen und lassen sich wirkungsvoll einsetzen«

Erst schlage ich das Eiweiß mit dem Zucker zu einem schönen festen Schnee, hebe dann das Mehl löffelweise darunter und rühre zum Schluss die geschmolzene Butter hinein. Voilà!

● Nun wird das Backblech mit Backpapier ausgelegt und aus dem Teig 24 ganz dünne Taler (Galettes) von acht Zentimeter Durchmesser hergestellt. Ich mache mir eine Schablone aus Backpapier dafür und streiche den Teig schnell hinein – das geht am besten.

● Einfach in den vorgeheizten Backofen schieben (175 Grad, Umluft 155 Grad, Gas Stufe 2–3) und etwa sechs Minuten goldbraun backen. Die Galettes lasse ich etwas abkühlen und hebe sie dann vorsichtig mit einem Spachtel vom Backpapier.

FÜR 24 GALETTES Foto rechts
2 große Eiweiß • 80 g Zucker
40 g Mehl • 65 g Butter

VARIATION: CIGARETTES RUSSES Foto Seite 143
Zunächst Galettes backen wie oben beschrieben, mit einem Spachtel vom Backblech heben, gleich Stück für Stück um einen dicken Kochlöffelstiel wickeln und festdrücken. Den Löffel jetzt vorsichtig herausziehen und die Keksröllchen abkühlen lassen. Ich liebe sie zum Kaffee, aber auch zur Mousse au chocolat (Rezept Seite 141).

VARIATION: KEKSRÖLLCHEN GEFÜLLT MIT PRALINENCREME
<u>Crème anglaise:</u> Zuerst einen halben Liter Milch zusammen mit dem Mark einer aufgeschlitzten Vanilleschote aufkochen. Dann 120 Gramm Zucker und vier Eigelb mit dem Schneebesen so lange schlagen, bis eine weiße Masse entsteht. Ich gebe 60 Gramm gesiebtes Mehl dazu und rühre sorgfältig um, damit das Mehl gleichmäßig verteilt wird. Wenn die Milch kocht, ein Drittel davon zu der Masse gießen, mit dem Schneebesen verrühren und zurück in den Topf geben. Ich lasse alles eine Minute aufkochen und fertig! Achtung: Die Creme muss dabei gut gerührt werden, sonst brennt sie an. In eine Schüssel tun, mit Frischhaltefolie bedecken, abkühlen lassen.

● Nun nehme ich sechs Esslöffel von der Crème anglaise (100 bis 150 Gramm) und zwei bis drei Esslöffel Nougatmasse, da geht auch Nutella, und verrühre beides zu einer köstlichen Creme. Eventuell kommen noch zwei Esslöffel geschlagene Sahne darunter. Die Creme soll nicht zu süß und schön leicht sein, trotzdem aber einen gewissen Stand haben. Ich fülle sie in einen Spritzbeutel und drücke sie in die Cigarettes russes. Ich backe die Galettes dafür schön groß, damit die Keksrollen beim Wickeln stabil werden. Zum Espresso eine echte Delikatesse!

ROCHERS VON KOKOSNUSS

»Sie schmecken vorzüglich zum Kaffee und auch zum Tee«

Ich schmelze die Butter und lasse sie abkühlen. Inzwischen vermische ich den Zucker mit den Kokosraspeln. Dann schlage ich das Ei und das Eigelb schaumig und verrühre die Hälfte davon sorgfältig mit dem Zucker-Kokos-Gemisch. Nun erst gebe ich den Rest der Eimasse dazu, vermische alles gründlich mit einem Teigschaber, gebe die geschmolzene Butter hinein und rühre den Teig so lange, bis er schön geschmeidig ist.

● Jetzt wird ein Backblech mit Backtrennpapier ausgelegt. Mit zwei Teelöffeln steche ich kleine Teighäufchen aus, setze sie auf die flache Hand und forme mit den Fingern kleine Pyramiden daraus. Ich setze sie dann aufs Blech und backe sie im vorgeheizten Backofen bei 200 Grad (Umluft 180 Grad, Gas Stufe 4). Schon nach 15 Minuten kann ich sie herausnehmen und auf einem Kuchengitter abkühlen lassen.

FÜR 25–30 STÜCK Foto oben
20 g Butter • 75 g Zucker
100 g Kokosraspel • 1 Ei • 1 Eigelb

LEAS MADELEINES

»Es gibt Millionen von Varianten dieses berühmten Gebäcks. Meine Madeleines sind eine Spezialität des Hauses. Aber: Der Teig muss einen Tag lang im Kühlschrank ruhen!«

Ich erhitze die Butter, bis sie etwas Farbe bekommt, und schlage die Eiweiß steif. Dann werden der Puderzucker und das Mehl gesiebt und mit den Mandeln vermischt. Dieser Mix kommt zum Eischnee, alles wird gut vermischt. Dann rühre ich die Butter darunter und eventuell etwas Honig. Nun muss der Teig einen Tag lang im Kühlschrank ruhen.

● Vor dem Backen hebe ich das Backpulver unter den Teig und buttere die beschichteten Madeleine-Formen. Ich heize dann den Backofen auf 180 bis 190 Grad vor (Umluft 160–170 Grad, Gas Stufe 3–4) und bestäube die Formen mit etwas Mehl.

● Der Teig wird mit einem Löffel eingefüllt – und natürlich mit Fingerspitzengefühl. Denn es darf nicht zu viel Teig werden, sonst läuft es beim Heißwerden über, und es darf nicht zu wenig Teig sein, sonst bekommen meine Madeleines ihre typische Beule nicht. Es ist eine kleine Kunst! Die Madeleines müssen nur 15 bis 20 Minuten backen, dann haben sie schon ihre schöne Farbe. Ich nehme sie raus, löse sie, wenn nötig, vom Formenrand und klopfe sie noch warm aus den Formen. Voilà!

Attention! Backformen aus Weißblech eignen sich nicht zum Backen von Madeleines – optimal werden die Madeleines nur in einer beschichteten dunklen Backform.

FÜR 12 MADELEINES Foto unten
80 g Butter • 3 große Eiweiß • 100 g Puderzucker
60 g Mehl • 40 g fein gemahlene Mandeln
evtl. 1 TL Honig, wenn man's gern mag, wie in der
Provence • 1 Messerspitze Backpulver

Bettys Käsekuchen
Seite 155

BETTYS KÄSEKUCHEN

»Ich liebe Käsekuchen – und den besten macht meine Freundin Betty«

Sie brauchen guten tiefgekühlten Blätterteig und lassen ihn auftauen.

● Hier nun Bettys Rezept für ihre unvergleichliche Füllung: Mit einem Schneebesen verrührt sie den Quark mit dem Sahne-Puddingpulver, dem Zucker und den Eigelb. Zum Schluss schlägt sie die Eiweiß mit einer Prise Salz zu steifem Schnee und hebt ihn unter die Masse.

● Die Blätterteigscheiben werden übereinander gelegt und auf wenig Mehl in Größe der Springform ausgerollt. Die Backform damit auskleiden, den überschüssigen Teig abschneiden und die Quarkmasse darauf geben. In den Backofen damit und 20 Minuten bei 200 Grad (Umluft 180 Grad, Gas Stufe 4) backen und dann weitere etwa 35 Minuten bei 170 Grad (Umluft 150 Grad, Gas Stufe 2–3).

● Betty lässt den Käsekuchen fast ganz abkühlen, damit er nicht zusammenfällt, wenn sie ihn aus der Form nimmt. Ich weiß, es kostet enorme Überwindung – aber er schmeckt echt am besten, wenn er fast ganz abgekühlt ist!

Statt mit Blätterteig schmeckt der Käsekuchen auch mit einem Mürbeteig (Rezept vom Zwiebelkuchen, Seite 121). Ich brauche hier etwa zwei Drittel der Teigmenge.

FÜR 12 STÜCKE Foto Seite 154
Ca. 310 g Blätterteig • etwas Mehl
Füllung: 700 g Quark (30–40 %)
1 Päckchen Sahne-Puddingpulver
120–150 g Zucker • 6 Eier, getrennt • Salz

ALLERFEINSTE TRÜFFEL-PRALINEN

»Bitte daran denken: Die Trüffelmasse muss einen Tag kalt gestellt werden, und für die Pralinen brauchen Sie Platz im Kühlschrank!«

Für die Trüffelmasse hacke ich die Schokolade mit dem Messer klein und gebe sie in eine feuerfeste Schüssel. Die Sahne erhitze ich dann zusammen mit der Zimtstange bis zum Siedepunkt. Ich nehme sie vom Herd und lasse sie zehn Minuten abkühlen. Dann wird die Sahne noch einmal bis zum Siedepunkt erhitzt und durch ein Haarsieb auf die zerhackte Schokolade gegossen. Das wird einige Minuten so stehen gelassen, damit die ganze Schokolade gleichmäßig schmelzen kann. Nun verrühre ich alles kräftig mit einem Teigspachtel und stelle die Masse im Kühlschrank kalt.

● Am Tag danach lasse ich die Trüffelmasse im Wasserbad leicht schmelzen und schlage sie dann mit den Quirlen des Handrührers cremig. Die Masse wird in einen Spritzbeutel gefüllt. Mit der ungezackten Tülle dressiere ich kleine runde Häufchen auf ein Blatt Backpapier, ziehe es auf eine Platte und stelle die Platte an die kühlste Stelle im Kühlschrank.

● Sobald die Trüffel fest geworden sind, werden sie einfach mit gesiebtem Kakao bestäubt – traumhaft!

Das Rezept stammt von meinem Freund Robert Linxe aus Paris, einem der besten Confiseure Frankreichs. Ach was, für mich ist er der allerbeste!

FÜR ETWA 50 STÜCK Foto Seite 145
600 g Schokolade – davon 200 g Zartbitter mit ca. 50 % Kakaoanteil und 400 g Edelbitter mit ca. 70 % Kakaoanteil • 300 g Sahne • 1 Zimtstange
Kakaopulver zum Bestäuben

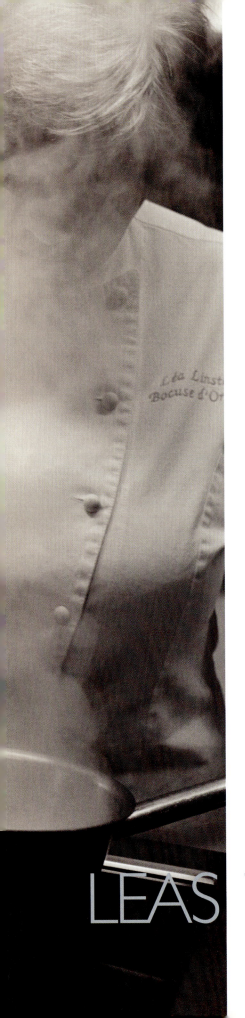

BACKOFEN Jeder Backofen backt anders. Sie kennen Ihren Backofen am besten, nehmen Sie deshalb die angegebenen Zeiten und Temperaturen bitte als Circa-Angaben. Wenn es nicht anders im Rezept steht, wird die mittlere Schiene benutzt.

BLANCHIEREN Viele Gemüse koche ich ganz kurz (etwa zwei bis drei Minuten) in sprudelndem Salzwasser. Hinterher wird es in Eiswasser abgeschreckt, so bleiben zum Beispiel Bohnen und Erbsen sehr schön grün.

BUTTER Ich liebe Butter, deshalb kommt sie in fast allen meinen Rezepten vor. Butter ist der ideale Geschmacksträger, aber sie muss immer frisch sein und schön luftdicht verschlossen, denn sonst kann man sofort herausfinden, was noch alles im Kühlschrank war…
Oft sage ich, ich gebe eine dicke Nuss Butter an ein Gericht, damit sind etwa 20 Gramm gemeint. Nur wenn etwas sehr heiß gebraten werden muss, ist es mit der Butter nicht ganz so leicht, weil sie schnell verbrennt. Dann können Sie geklärte Butter oder Butterschmalz nehmen, das geht einfacher. Sie können es fertig kaufen oder selber machen: Dafür geben Sie die Butter in einen Topf und lassen sie bei milder Hitze schmelzen. Dann bildet sich oben auf der flüssigen Butter ein kleiner Schaum. Der Schaum wird abgenommen, der Rest durch eine Kaffeefiltertüte oder ein Leinentuch in ein Schraubdeckelglas gegossen und im Kühlschrank kalt gestellt. Diese geklärte Butter (auch Butterschmalz genannt) veträgt höhere Temperaturen und spritzt nicht beim Braten. So können Sie auch Butter retten, die nicht mehr topfrisch ist. Voilà!

CROÛTONS Dafür schneide ich zwei Scheiben Weißbrot (ohne Rinde natürlich) in Würfelchen und brate sie bei kleiner Hitze in etwa 20 Gramm Butter unter Wenden schön kross.

FLAMBIEREN Das Gericht, wie die Rehfilets (Rezept Seite 91) oder der Coq au Vin Rouge (Rezept Seite 72), wird mit etwas hochprozentigem Cognac begossen und angezündet. Das kann manchmal wirklich für den Geschmack super sein. Aber Attention: Den Alkohol in eine Kelle abfüllen, darin anzünden und erst dann über das Fleisch gießen. Nie aus der Flasche dazu schütten (Brandgefahr)!

HÜHNERFOND Ich schwöre auf einen selbst gekochten Hühnerfond – probieren Sie's mal, das Rezept dafür steht auf Seite 35. Dieser Fond – und auch der Kalbsfond von Seite 97 – lässt sich tiefgefrieren oder sehr gut in Schraubdeckelgläsern konservieren: Er wird kochend heiß eingefüllt, die Gläser werden sofort verschlossen und kopfüber fünf Minuten stehen gelassen, damit sich ein Vakuum bildet. Im Kühlschrank ist der Fond so mindestens vier Wochen

LEAS TIPPS & TRICKS

haltbar. Wenn es Ihnen aber an Zeit mangelt, können Sie ein gutes Produkt aus dem Glas verwenden.

KARAMELLISIEREN Wenn Zucker erhitzt wird, schmilzt er zunächst und wird zu Karamell. Damit der Zucker nicht zu schnell verbrennt und bitter wird, etwas Wasser und einen Spritzer Zitronensaft dazugeben, bevor Sie den Zucker erhitzen. Die feine Süße von Karamell ist für manche Speisen unentbehrlich. Ich lasse Zucker zum Beispiel für die Portweinsoße zur Entenbrust karamellisieren (Rezept Seite 72) und ich liebe den Geschmack zu meinen Karotten (Rezept Seite 123). Ein Muss ist natürlich die dünne, fast verbrannte Zuckerschicht auf meiner berühmten Crème brûlée (Rezept Seite 138).

KNOBLAUCH Er muss möglichst frisch und fest sein. Wenn ich den Knoblauch nicht ungeschält verwende (wie zum Beispiel beim Provenzalischen Kaninchen, Rezept Seite 90), entferne ich immer den grünen Keim aus den Zehen, das macht den Knoblauch bekömmlicher.

MEHLBUTTER Damit lassen sich Soßen schnell und elegant binden. Für die Mehlbutter vermische ich einen Teelöffel weiche Butter mit einem kleinen Teelöffel Mehl und rühre sie mit dem Schneebesen in die kochende Soße.

MONTIEREN So nennen wir Profis das Binden einer Soße mit Butter. Zum Montieren muss die Butter in kleinen Stückchen sein und ausnahmsweise wirklich eiskalt. Ist sie zu weich, wird die Soße nicht sämig, sondern fettig. Deshalb am besten die kleinen Stücke in einer Alu- oder Frischhaltefolie rechtzeitig in den Kühlschrank tun und erkalten lassen. Die Butterstückchen dann einzeln mit dem Schneebesen schnell unter die Soße rühren.

NAPPIEREN Zum Servieren werden Fleisch oder Fisch auf einem (vorgewärmten) Teller angerichtet. Gibt man gleichmäßig Soße darüber, heißt das in der Fachsprache der Köche nappieren.

ÖL Zum Kochen und Frittieren nehme ich gern Erdnussöl. Das verwende ich auch für Salatsoßen (Vinaigrette-Rezepte Seite 51) oder nehme dann Sonnenblumen- oder Olivenöl – ganz wie's beliebt. Wichtig ist allein, dass die Öle, genau wie alle anderen Produkte, von sehr guter Qualität sind. Übrigens: Auch kalt gepresstes Olivenöl eignet sich sehr gut zum Braten, zum Beispiel von Mittelmeerfischen. Es darf nur nicht überhitzt werden.

PASSIEREN Eine feine Soße müssen Sie passieren, damit alle festen Teilchen rausgefischt werden und die Soße schön glatt wird: Einfach durch ein Haarsieb geben – fertig!

PFEFFER Ich verwende grundsätzlich frisch gemahlenen Pfeffer aus der Mühle. Für feine helle Soßen (zum Beispiel für die Königinpastete von Seite 48) und für Fischrezepte nehme ich weißen Pfeffer.

POCHIEREN Zum Beispiel Gemüse, Eier oder Fisch bei kleiner Hitze in einer Flüssigkeit (Wasser, Fond) knapp unter dem Siedepunkt gar ziehen, aber nicht kochen lassen.

REDUZIEREN Eine gute Soße muss in der Menge reduziert werden, also bei großer Hitze und offenem Topf so lange einkochen, bis sie eine schöne Konsistenz und einen kräftigen Geschmack hat. Erst danach montiere ich die Soße.

SALZ Ich verwende am liebsten Meersalz. Ganz besonders fein ist das grobe »Fleur Sel de Guérande« aus der Bretagne, das dort in den Salzgärten nach jahrtausendealter Tradition in Handarbeit abgetragen und von Sonne und Wind getrocknet wird. Das gibt es zu meinen knusprigen Brötchen und der frischen Butter. Bon appétit!

SAUTIEREN Das ist der Fachausdruck dafür, wenn Gemüse oder Pilze in Butter rasch gegart werden. In einer Kasserolle schmelze ich die Butter bei mittlerer Hitze, bis sie schäumt. Das Gemüse kommt dazu und wird auf den Punkt gegart, dabei schwenke ich die Kasserolle. Aber nicht zu lange garen, sonst wird das Gemüse matschig!

TOMATEN ENTHÄUTEN Es ist eleganter und bekömmlicher, enthäutete Tomaten zu verwenden. Nur Tomaten in einer Soße, die passiert wird, gefüllte Tomaten und manchmal das Tomatenconfit (Rezepte Seite 116) dürfen ihre Schale behalten. Zum Enthäuten die Tomaten oben einfach über Kreuz mit einem scharfen Messer einritzen, kurz mit kochendem Wasser überbrühen und abschrecken. Danach lässt sich die Haut leicht abziehen.

VANILLE Ich verarbeite natürlich immer frische Vanille, nie Vanille-Extrakt. Dafür werden die Stangen einfach mit einem scharfen Küchenmesser aufgeschlitzt und das Mark wird herausgekratzt.

ZUCKERSIRUP Den mache ich mir auf Vorrat, es lohnt sich! Ich koche einen halben Liter Wasser und ein Kilo Zucker zusammen auf und fülle den Sirup in Flaschen oder Gläser. Der Zuckersirup ist fast unbegrenzt haltbar.

Ananas, karamellisiert 130
Apfelkuchen mit Eierguss 149
Aprikosenkuchen, lauwarm 151
Asiatischer Hühnchenspieß 80

Basmatireis, bunt 79
Birnen, karamellisiert mit
Whiskycreme 141
Blumenkohlcremesuppe 30
Bohnensuppe, luxemburgisch 123
Bohnensuppe, weiß 30
Bouneschlupp 123
Bratkartoffeln 102
Brötchen, knusprig 20
Butterschmalz, 156

Cassis-Mousse 136
Champagnersoße zum Fisch 57
Cigarettes russes 152
Consommé mit Einlage 30
Consommé mit Foie gras (Tipp) 31
Coq au Vin rouge 72
Coulis exotique 136
Coulis von Sommerbeeren 136
Couscous mit Gemüse 121
Crabmeat mit Guacamole 42
Crème anglaise 152
Crème brûlée 138
Cremesuppe vom Blumenkohl 30
Cremiger Risotto 107
Crostini mit Olivenpaste 20
Currysoße zu Huhn und Fisch 80

Diät-Vinaigrette, 51

Edelfischfilet mit Tomate und
Basilikum 62
Eiscreme mit Früchten 136
Elsässischer Flammekuchen 17
Entenbrust in Portwein
mit Feigen 72
Erbsen & Möhren 123
Erbsensüppchen, geeist 31
Erdbeeren, sautiert mit Estragon 130

Feines Kartoffelsüppchen 36
Ferkelbauch mit Kartoffel-
Kohl-Püree 92
Fischfilet auf frischen Nudeln 66
Fischfilet mit Kardomomsoße 62
Fischfilet mit Tomate
und Basilikum 62
Flammekuchen 17
Fond vom Huhn 35
Fond vom Kalb 97
Fruchteiscreme 136
Frucht-Granité 137
Fruchtsorbet 137

Galettes 152
Gazpacho, geeist 35
Gebrannte Creme 138
Geeiste Gazpacho 35
Geeistes Erbsensüppchen 31
Gefüllte Nudeltaschen 43
Gefüllte Tomaten 117
Geklärte Butter, 156
Gemüse-Couscous 121
Gerollter Ferkelbauch 92
Gougères, Käsewindbeutel 21
Granité von Früchten 137
Grapefruit-Granité 137
Guacamole zum Crabmeat 42
Gratin von roten Früchten 131

Hefeteig 148
Hollandaise 124
Huhn, kalt mit Kräutermayonnaise 73
Huhn mit Thymiansoße 73
Huhn, pochiert 78
Hühnchenspieß, asiatisch 80
Hühnerbouillon mit Zitronengras 35
Hühnerbrustfilet mit
Champagnersoße 79
Hühnerfond 35
Hühnerleber-Terrine 48

Kabeljau mit Senfkörnern 56
Kabeljaufilet im Bierteig 63

REZEPT-REGISTER

Kalbsfond 97
Kalbsragout 97
Kaltes Huhn 73
Kaninchen provenzalisch 90
Karamellisierte Ananas 130
Karamellisierte Birnen mit Whiskycreme 141
Karamellisierte Karotten 123
Kartoffelgratin 102
Kartoffel-Kohl-Püree 92
Kartoffeln, gebraten 102
Kartoffelpüree 108
Kartoffelsüppchen, fein 36
Käsekuchen 155
Käsewindbeutel, kleine 21
Keksröllchen mit Pralinencreme 152
Kokoshäufchen 153
Königinpasteten 48
Kopfsalatherzen mit Roquefortsoße 51
Kräuterbutter 86
Kräutermayonnaise 73
Kräutervinaigrette 51
Kürbiscreme-Tarteletts 17

Lachs auf Reibekuchen 42
Lachs auf Roggenbrothäppchen 25
Lachsfilet mit frischen Erbsen 63
Lachsfilet mit Sauce vièrge 67
Lachsmousse mit Keta-Kaviar 47
Lachstatar 21
Lachstatar auf der Kartoffel 21
Lammrücken im Kartoffelmantel 87
Lammtopf aus Frisange 92
Lauwarmer Aprikosenkuchen 151
Leas Apfelkuchen 149
Leas Brötchen 20
Leas Lammrücken 87
Leas Madeleines 153
Limonensalat mit Rosmarin 157

Madeleines 153
Mangosorbet 137
Matjesfilet in Sahnesoße 67
Mayonnaise 111
Mayonnaise mit Kräutern 73
Mehlbutter 157
Mehlknödel 108
Milchreis, sahnig 108
Millefeuille vom Lachs mit Erbsen 63
Millefeuille von Himbeeren 138

Mimosa-Eier 20
Möhren & Erbsen 123
Möhren, karamellisiert 123
Mokkaeis 131
Mousse vom Räucherlachs 47
Mousse von Cassis 136
Mousse von Schokolade 141
Mozzarella-Schiffchen 25
Muscheln in Rieslingsoße 56
Muschelragout 56

Nudeln mit scharfer Soße 107
Nudeln mit Tomaten, Oliven, Basilikum 103
Nudeltaschen mit Garnelenfüllung 43
Nudeltaschen mit Tomatensoße 43
Nudelteig 103

Olivenpaste 47

Paniertes Putenschnitzel 78
Papas Hefeteig 148
Paprikaschote für alle Fälle 25
Parmesanhippen zum Risotto 107
Pasteten, Königin- 48
Penne mit scharfer Soße 107
Pfifferlinge mit Estragon 117
Pflaumenkuchen, lauwarm (Tipp) 151
Pilztarte 117
Pochierte Poularde 78
Pommes frites 111
Porettenzapp 116
Porree, luxemburgisch 116
Pralinen 155
Provenzalisches Kaninchen 90
Putenfrikassee mit Morcheln 80
Putenschnitzel, paniert 78

Quarkeis mit Grapefruit-Granité 137

Rahmsuppe von weißen Bohnen 30
Raukesalat mit Tomate und Olivenpaste 47
Ravioli mit Garnelen-Füllung 43
Rehfilets in Pfeffersoße 91
Reibekuchen mit Räucherlachs 42
Reis, bunter Basmati 79
Reissuppeneintopf 36
Remouladensoße 111
Rinderfilet auf Rauke 86
Rinderrouladen mit Rotkohl 90
Risotto, cremig 107
Risotto verde (mit Kopfsalat) 107
Rochers von Kokosnuss 153

Roggenbrothäppchen mit Lachs 25
Roquefortsoße zum Salat 51

Sahniger Milchreis 108
Salatsoßen 51
Sauce Hollandaise 124
Sauce Maltaise (Tipp) 124
Sauce Mousseline (Tipp) 124
Sauce Rémoulade 111
Sautierte Erdbeeren mit Estragon 130
Schellfisch im Teigblatt 57
Schneckenkuchen 149
Schokoladenkuchen 151
Schokoladenmousse 141
Schwarze Johannisbeeren, Mousse 136
Schwarze Olivenpaste 47
Schweinefilet mit Pfifferlingen und Salbei 97
Seezunge Müllerin 66
Seezungenfilet auf frischen Nudeln 66
Sorbet mit Früchten 137
Sorbet mit Limonen und Rosmarin 137
Sorbet mit Mango 137
Spargel mit Sauce Hollandaise 124
Steaks 86
St. Petersfisch mit Kardamom 62

Tagliatelle mit Tomaten und Oliven 103
Tarte mit Pilzen 117
Tarteletts mit Kürbiscreme 17
Terrine von Hühnerlebern 48
Thymian-Huhn 73
Tomatenconfit 116
Tomaten, gefüllt 116
Trüffel-Pralinen 155

Vanilleeis 131
Vanille-Sahne 130
Vinaigrettes 51

Weiß-schwarze Schokoladenmousse 141

Zabaione mit Keta-Kaviar 43
Zuckersirup 157
Zuckerkuchen 148
Zwiebelkuchen 121

Lea Linster hat zwei Restaurants in Luxemburg. Das »Restaurant Lea Linster« in Frisange, seit 1987 mit einem Michelin-Stern ausgezeichnet, ist montags und dienstags geschlossen: 17, Route de Luxembourg, Telefon 003 52-23 66 84 11, Tischreservierung erforderlich • Im kleinen roten »Letzebuerger Kaschthaus« im Nachbarort Hellange wird bodenständig luxemburgisch gekocht: Route de Bettembourg, Telefon 003 52-51 65 73, die Öffnungszeiten im Kaschthaus bitte aktuell erfragen oder im Internet unter www.lealinster.com nachschauen.

9. Auflage
Brigitte-Bücher im Verlag Mosaik bei Goldmann
© 2002 Wilhelm Goldmann Verlag, München, in der Verlagsgruppe Random House GmbH
in Zusammenarbeit mit der Gruner + Jahr AG & Co., Am Baumwall 11, 20459 Hamburg

HERAUSGEBERIN: Anne Volk
KONZEPTION: Susanne Mersmann, Burgunde Uhlig
REZEPTE + FOTOPRODUKTION: Burgunde Uhlig
TEXTE: Lea Linster & Susanne Mersmann
FOTOS: Thomas Neckermann (nur Seite 32 links und Seite 40 Giorgio Scarlini)
BUCHGESTALTUNG: Corinna Egerer, Hamburg
KOORDINATION: Christine Tsolodimos (Brigitte), Regine Gamm (Mosaik)
REDAKTION: Karin Schanzenbach, Regine Gamm
SCHUTZUMSCHLAGGESTALTUNG: Heinz Kraxenberger, München
SCHUTZUMSCHLAGFOTO: Sabrina Rothe, Köln
UMSCHLAGGESTALTUNG: Corinna Egerer, Hamburg
UMSCHLAGFOTO: Thomas Neckermann, Hamburg
REPRODUKTION: Lorenz & Zeller, Inning a. A.
DRUCK + BINDUNG: Mohn Media Mohndruck GmbH, Gütersloh
Printed in Germany • www.goldmann-verlag.de
ISBN-10: 3-442-39032-X
ISBN-13: 978-3-442-39032-8